WÖRTERBUCH

für Kinder der Grundschule

Cornelsen

WÖRTERBUCH

für Kinder der Grundschule

von Gerhard Sennlaub

Redaktion: Barbara Schmid-Heidenhain, Ute Kister
Lay-out und technische Umsetzung: Katharina Wolff
Umschlagillustration: Silvio Neuendorf
Umschlaggestaltung: Katharina Wolff
Grafik: Silvio Neuendorf, Ines Rarisch, Detlev Schüler, Silke Voigt

Beratung für die Begegnungssprachen:
Allgemeine Beratung und Koordinierung/Griechisch/Türkisch: Jürgen Rohde
Einzelberatung: Ibrahim Hancioglu (Türkisch), Dr. Ruth Horie (Englisch), Barbara di Pace (Italienisch), Jürgen Rohde (Französisch), Hans Schermer (Niederländisch), Barbara Thanos (Griechisch), Annemarie Wendel (Dänisch), Heike Wendel (Spanisch), Alojcija Wilmes (Serbokroatisch), Anna Zalewski (Polnisch), Dana Poetsch (Tschechisch)

Quellen für die Vornamen:

Gesellschaft für deutsche Sprache, Wiesbaden (Wilfried Seibicke): Listen der beliebtesten Vornamen 1993, 1994, 1995, 1996. Standesämter Berlin-Mitte, Bielefeld, Bremen-Mitte, Dresden und Wiesbaden: Listen der häufigsten Vornamen 1997. Standesamt Freiburg im Breisgau: Liste aller Vornamen 1997. Drosdowski, Günther: Duden-Lexikon der Vornamen. Mannheim/Wien/Zürich: Bibliographisches Institut 1974. Weitershaus, Friedrich-Wilhelm: Vornamenbuch. München: Mosaik-Verlag 1995

Quellen für etymologische Texte:

Autorenkollektiv des Zentralinstituts für Sprachwissenschaft: Etymologisches Wörterbuch des Deutschen (3 Bde.). Berlin: Akademie-Verlag 1989. Kluge, Friedrich: Etymologisches Wörterbuch der deutschen Sprache. Berlin/New York: Walter de Gruyter [21]1975. Wissenschaftlicher Rat der Duden-Redaktion (Hg.): Duden-Etymologie. Der große Duden: Band 7. Mannheim/Wien/Zürich: Bibliographisches Institut 1963

Cornelsen online http://www.cornelsen.de

2. Auflage ✓ € Druck 5 4 3 2 Jahr 04 03 02 01

Druck: Parzeller, Fulda

ISBN 3-464-61099-3 (broschiert)
3-464-61252-X (gebunden)

Bestellnummer 610993 (broschiert)
612520 (gebunden)

gedruckt auf säurefreiem Papier, umweltschonend hergestellt aus chlorfrei gebleichten Faserstoffen

INHALTSVERZEICHNIS

LIEBE KINDER,

in diesem Wörterbuch findet ihr auf den Seiten
62–205 und 238 viele Kindernamen.*
Eure sind sicherlich mit dabei.
Manche Kinder haben sehr selten vorkommende
Namen. Darüber freuen sie sich mit Recht.
Aber für alle seltenen Namen war in diesem Buch
beim besten Willen kein Platz oder
wir kannten sie nicht.

Wenn euer Name nicht im Buch steht,
schreibt ihn uns.
Dann wird er bei einer Neuauflage auf den
letzten beiden Seiten abgedruckt.

* Drei der Namen in den Kästen an der oberen Linie werden übrigens als Kindernamen von keinem deutschen Standesamt genehmigt.

AUFGABEN

Wie man Wörter nachschlägt

Hier kannst du selbstständig lernen, wie man Wörter im Wörterbuch findet. Deine Lehrerin oder dein Lehrer braucht dir nicht zu helfen.

Nimm dir jeden Tag höchstens zwei Aufgaben vor. Schlaue Kinder erfinden zusätzliche Aufgaben, suchen sich einen Partner und stellen einander eigene Aufgaben.

Aufgaben

1. Lies das ABC-Gedicht oft laut. Lerne es auswendig. Sprich es immer wieder in den nächsten Tagen.

2. Wenn du das ABC-Gedicht auswendig kannst, sprich es deiner Mutter vor.

3. Schreibe die vier Zeilen des Gedichts untereinander – aber nur die Buchstaben.

4. In welcher Zeile des Gedichts steht der Buchstabe?
1. B 2. N 3. I 4. X 5. E 6. U
Schreibe jedes Mal die ganze Zeile.
So: 1. A B C D E F G
2. ...

5. Sprich das ABC-Gedicht möglichst oft anderen Kindern vor. Wenn sie sich beschweren, kannst du es auch singen.

6. Welche drei Buchstaben stehen danach?

1. G 2. P 3. W 4. K 5. C 6. H

Schreibe so: 1. G H I J
2. ...

7. Welche beiden Buchstaben stehen davor?

1. Q 2. W 3. G 4. E 5. K

Schreibe so: 1. O P Q, 2. ...

8. Welcher Buchstabe steht davor, welcher danach?

1. C 2. F 3. J 4. V 5. S 6. N
7. E 8. W 9. A 10. O 11. Z 12. L

Schreibe so: 1. B C D, 2. ...

9. Ordne diese Namen nach den Anfangsbuchstaben:
Dagmar, Vanessa, Marie, Pauline, Claudia, Tanja, Lollipop

Schreibe so: Claudia, ...

10. **Mama, Papa, Oma, Tante, Bruder, Schwester, Uroma, Vetter, Kater, Dackel**

Mache dir eine ABC-Liste.
Ordne diese Wörter ein. So:

Lass ein anderes Kind kontrollieren.

11. Benutze von nun an das **erste Wörterverzeichnis.**
Es sind die Seiten mit dem gelben Rand oben.
Auf welcher Seite stehen die Wörter, die mit **Q, J, P, I, N, V** anfangen? Schreibe so: Q: Seite 45, J: ...

12. Auf welcher Seite stehen die Wörter, die mit **Scho, Fi, J, Ei, U, Ga, Da, O, Za** und **I** anfangen?
Schreibe so: Scho 49, Fi ...

13. **Abend, Bett, Feld, Gesicht, Hund, Vater, Katze, Luft, Papa, Zoo, Mittwoch**
Diese Wörter sind nach dem ABC geordnet. Zwei sind falsch eingeordnet. Ordne sie richtig und schreibe alle.
Lass ein anderes Kind kontrollieren.

14. Auf welcher Seite im Wörterbuch stehen die Wörter, die mit **He, Wa, Ab, Ra, Eb, Q, Si, Mu, To, De** und **Ei** anfangen? Schreibe so: He 33, Wa ...

15. Suche im Wörterbuch die Namen von Tieren, die so anfangen: **Ma, V, P, Ka, Fi, I, El, Ha**
Schreibe mit Seitenzahl. So: Maus 40, ...

16. Ordne diese Namen nach den Anfangsbuchstaben:
Katja, Melanie, Paul, Stefanie, Achmed, Barbara, Robert, Helmut, Tatjana, Willi
Schreibe so: Achmed, Barbara, ...
Lass ein anderes Kind kontrollieren.

17. **Affe, Vogel, Pferd, Hase, Maus, Königin, Ente, Igel, Floh, Clown, Drache**

Mache dir eine ABC-Liste und ordne die Wörter ein. So:

Lass ein anderes Kind kontrollieren.

18. Schreibe alle Monatsnamen mit der Seitenzahl.
So: Januar 35, Februar 26, ...

19. Wie heißt das letzte Wort im Wörterbuch, das so anfängt?
Fe, Zi, bl, Te, zw, Bu, We, De, Ei, Wa, Du, vo, fo
Schreibe so: Feuer, Zimmer, ...

20. Suche Namen von Körperteilen, die so anfangen:
Fi, Au, Be, Ko, Ar, Fu, Ba, Ha, Na, Mu, Ha
Schreibe so: Finger 27, ...

21. Auch Wörter, die alle mit dem gleichen Buchstaben anfangen, kannst du nach dem ABC ordnen.
Dann kommt es nicht auf den ersten, sondern auf den zweiten Buchstaben an.
Abend, Auge, Affe, Ast, Anfang, Apfel, Arbeit, Ampel
Lege dir eine Tabelle an und schreibe die Wörter dazu:

Lass ein anderes Kind kontrollieren.

22. Ordne alle Zahlwörter von eins bis zehn nach dem ABC.
Kontrolliere erst nachher im Wörterverzeichnis, ob du alles richtig hast.

23. **Bett, Baby, Brille, Blume, Bus, Bild, Bohne**
Lege wieder eine Tabelle an und ordne die Wörter.
Lass auch wieder ein anderes Kind kontrollieren.

24. Drei der folgenden Seitenzahlen sind falsch.
Schreibe nur die drei Wörter, bei denen die Seitenzahl nicht stimmt.
blau 20, rot 47, gelb 29, schwarz 49, weiß 58, bunt 21, grün 31, groß 30, klein 36, dumm 22, ruhig 46
Zähle die drei falschen Seitenzahlen zusammen.
Wenn du 99 hast, ist alles richtig.

25. Alle Wortpaare stehen auf ein und derselben Seite.
Nur drei nicht. Welche?
Schreibe die drei Paare ins Heft.

Apfel – April	**Feier – Feind**	**Roller – Rock**
Wasser – Weg	**Juni – Igel**	**Bett – Bild**
Zahl – Zug	**Freund – Friede**	**Licht – Luft**
Eis – Ecke	**Vogel – Vater**	**Musik – Mann**

Lass wieder ein anderes Kind kontrollieren.

26. Suche Wörter, die sagen, wie Kinder sein können.
Sie fangen so an:
lu, kl, kl, fr, fr, di, kr, br, li, gr
Schreibe so: lustig, ...

27. Achtung: **ä** ist wie **a** eingeordnet, **ö** wie **o**, **ü** wie **u** und **äu** wie **au**. Das kannst du dir leicht merken: Alle Buchstaben mit Pünktchen sind so eingeordnet, als hätten sie keine Pünktchen. Ordne nach dem ABC:
antworten, arbeiten, zählen, hören, setzen, fahren, führen, rennen, rollen, wünschen
Lass ein anderes Kind kontrollieren.

28. Alle diese Wörter stehen im ersten Wörterverzeichnis.
Nur vier haben sich dazwischengemogelt.
Schreibe nur diese vier.
bauen, verlieren, beißen, trinken, schlafen, bücken, denken, quatschen, brüllen, grüßen, liegen, ordnen, gewinnen, zanken

29. Welche dieser Wörter schreibt man groß?
GLÜCK, ARBEIT, ZEIT, QUATSCH, HUNDERT, WIND, MUT, ANGST, HUNGER, DUMM, SCHLAFEN
Schreibe nur die Wörter, die man großschreibt.
Lass ein anderes Kind kontrollieren.

30. Bei diesen Wörtern fehlen die schwierigsten Buchstaben.
Schreibe sie richtig in dein Heft. (NICHT INS BUCH!)
Flugzeu__, hoffen__lich, tausen__, Anfan__, trauri__, nieman__, bei__en, Gra__

31. **Stadt, Lehrerin, Freundin, Bus, Boden, Wind, Holz**
Wie heißen mehrere?
Schreibe so: Stadt – Städte, ...
Kontrolliere mit dem Wörterbuch.

32. Im **zweiten Wörterverzeichnis** gibt es Hauptstichwörter und Nebenstichwörter. Die Hauptstichwörter sind **fett** gedruckt. Beim schnellen Suchen guckt man natürlich auf die Hauptstichwörter.
Wenn du aber beim Suchen merkst, dass du ganz nahe bei dem gesuchten Wort bist, musst du auch auf die Nebenstichwörter achten.
Suche diese Nebenstichwörter und schreibe die Seitenzahlen:
ausnahmsweise, Flüchtling, Niederlage, blitzartig, bergauf, Mahnung, Mannschaft, Diktat
Vergleiche mit einer Partnerin oder einem Partner.

33. Du weißt ja: Wenn die ersten Buchstaben gleich sind, ordnet man nach dem zweiten. Wenn die aber ebenfalls gleich sind?
Dann ordnen wir eben nach dem dritten. Und wenn auch die gleich sind? Nach dem vierten! Und so weiter.

Beispiel:

34. Schreibe eine ABC-Liste und ordne ein:
Indianer, innen, Infektion, Insekt, Inhalt, informieren

35. Bei diesen Wörtern fehlen die schwierigsten Buchstaben. Schreibe sie richtig in dein Heft. (NICHT INS BUCH!)
Eishock__, to__müde, Talisma__, __ampir, Klini__, freun__lich, Erlaubni__, Aben__euer

36. Schreibe eine ABC-Liste und ordne ein:
Eiche, Eid, eilen, eigentlich, einbrechen, Eisen, eitel

37. Schreibe noch eine ABC-Liste und ordne ein:
Eleonore, Ellbogen, elf, Elisabeth, Eltern, Elsbeth, Elvira

38. Ein Wort ist falsch eingeordnet. Welches?
Abend, Abfall, Abgrund, Ablenkung, Abteil, Abmeldung, Absatz
Schreibe alle Wörter in richtiger Reihenfolge.

39. Diesmal sind zwei Wörter von Seite 204 falsch eingeordnet. Welche? Schreibe die richtige Reihenfolge.
Zimt, Zinn, zivil, Zipfel, Zirkel, Zitrone, zischen

40. Im zweiten Wörterverzeichnis steht immer erst die Einzahl (der Singular), dann die Mehrzahl (der Plural).
Das Wort „Abfälle" findest du also unter „Abfall".

Suche diese Wörter und notiere dir ihre Seitenzahl:
Käuze, Hände, Idioten, Keulen, Gurken, Kisten

Zähle die Seitenzahlen zusammen.
Wenn sich 725 ergibt, hast du alles richtig.

41. Viele Wörter haben eine Vorsilbe. Beispiel: **ab**lecken, **vor**sagen. Für so viele Wörter reicht der Platz dieses Buchs nicht. Das Wort „**ab**lecken" ist z. B. nicht zu finden, aber „lecken". Suche und schreibe mit Seitenzahl:
wegschmeißen, durchnehmen, abholen, runterspringen, ausschimpfen, abschießen
So: schmeißen 171, …
Vergleiche mit einem anderen Kind.

42. Viele Nomen (Substantive, Namenwörter) sind aus zweien zusammengesetzt.
Beispiel: **Blumen|beet**. Auch die haben nicht alle Platz.
Aber du kannst die Teile getrennt nachschlagen.
„Blume" steht im Wörterbuch, und „Beet" auch.
Meersalz, Parfümflasche, Handgelenk, Gewitterwolke, Jugendherberge
Suche und schreibe jedes Mal beide Seitenzahlen.
So: Meersalz: 142 und 166, …

43. Manchmal sind Nomen (Substantiv, Namenwort) und Verb (Zeitwort, Tätigkeitswort, Tunwort) zusammengewachsen.
Beispiel: „Herz" + „klopfen" zu „Herzklopfen".
Auch hier kannst du getrennt nachschlagen.
So: Herzklopfen: 117 und 128, …
Schreibe genauso von **Bohrmaschine, Tretroller, Schrittzähler** und (Achtung!) **Rücksichtnahme**

44. Von jedem Verb (Zeitwort, Tätigkeitswort, Tunwort) gibt es viele verschiedene Formen.
Die wichtigsten stehen im Wörterbuch.
Sie sind Nebenstichwörter der Grundform.
Beispiel: „schlief" findest du hinter „schlafen".
Suche und schreibe mit Seitenzahl:
schrie, geschlossen, las, trug, gebissen, aß
Lass von einem anderen Kind kontrollieren.

1. WÖRTERVERZEICHNIS

für das 2. Schuljahr

Wichtige Wortarten erkennst du an den Farben.

ab
der Abend
die Abende
abends
aber
ach
acht
der Affe
die Affen
alle
allein
alles
als
also
alt
am

die Ampel
die Ampeln
an
andere
ändern
anders
der Anfang
die Anfänge
anfangen
die Angst
die Ängste
anrufen
die Antwort
die Antworten
wir antworten
anziehen

der Apfel
die Äpfel
der April
die Arbeit
die Arbeiten
wir arbeiten
der Arbeiter
die Arbeiter
er arbeitet
der Arm
die Arme
der Arzt
die Ärzte

er aß
der Ast
die Äste
auch
auf
die Aufgabe
die Aufgaben
das Auge
die Augen
der August
aus
das Auto
die Autos

Ba

das Baby
die Babys
der Bach
die Bäche
wir backen
der Bäcker
die Bäcker
sie backt
das Bad
wir baden
die Bäder
sie badet
der Bagger
die Bagger
die Bahn
die Bahnen
bald
der Ball

die Bälle
ich band es fest
die Bank
die Bänke
der Bär
die Bären
basteln
er bastelt
sie bat mich
der Bauch
die Bäuche
bauen
der Bauer
die Bäuerin
die Bauern
der Baum
die Bäume
er baut ein Haus

es begann
beginnen
bei
beide
beim Essen
das Bein
beinahe
die Beine
das Beispiel
die Beispiele
beißen
er bekam
bekommen

der Berg
die Berge
besonders
besser
bestimmt nicht
der Besuch
die Besuche
besuchen
beten
das Bett
die Betten
bewegen
bezahlen
er bezahlt

Bi bis Bl 

das Bild
die Bilder
billig
ich bin
wir binden
die Birne
die Birnen
bis morgen
er biss mich
ein bisschen
du bist da
bitte komm!
bitten
das Blatt
die Blätter

blau
bleiben
sie bleibt
er blieb dort
blöde
blühen
es blüht
die Blume
die Blumen
die Blüte
die Blüten
bluten

der Boden
die Böden
die Bohne
die Bohnen
das Boot
die Boote
böse
er brach ab
er brachte
es brannte
der Braten
die Braten
brauchen
braun
brechen
brennen
es bricht ab

der Brief
die Briefe
die Brille
die Brillen
bringen
er bringt
das Brot
die Brote
der Bruder
die Brüder
das Buch
die Bücher
bücken
bunt
der Bus
die Busse
die Butter

der Christ
die Christen
das Christkind
der Clown

der Computer
die Computer

dabei
ich dachte
damals
danken
sie dankt
dann
ich darf das
darin
darum
das
davon

decken
er deckt
dein
dem
gib den Ball!
gib denen nichts!
denken
wo denn ?
der
deutsch
der Dezember

dich
dicht
dick
dicker
die
dienen
der Dienstag
die Dienstage
diese
dieser
dieses
das Ding
die Dinge
dir
doch
der Donnerstag
die Donnerstage
doof

das Dorf
die Dörfer
dort
die Dose
die Dosen
draußen
drei
drücken
er drückt
du
dumm
dunkel
dünn
durch
dürfen
ich durfte
der Durst

Eb bis Ei

eben gerade
die Ecke
die Ecken
das Ei
die Eier
eigene
eigentlich
eilen
der Eimer
die Eimer
ein

ein bisschen
eine
in einem Haus
gib einen Kuss!
einer
eines Tages
einfach
einige
einmal
eins
das Eis

der Elefant
die Elefanten
elf
die Eltern
das Ende
die Enden
endlich !
eng
die Ente
die Enten
er
die Erde
die Erden
erklären
erlauben
der Ernst
sie erschrak

wir erschrecken
sie erschrickt
erschrocken
erst
erste
erzählen
es
der Esel
die Esel
das Essen schmeckt
wir essen
etwa
etwas
euch
euer
eure
ewig

Fa bis Fe

die Fahne
fahren
sie fährt
die Fahrt
die Fahrten
fallen
sie fällt
falsch
die Familie
die Familien
ich fand etwas
fangen
es fängt an
fassen
sie fasst an
sie fasste an
fast acht Uhr
der Februar

fehlen
der Fehler
feiern
die Feier
fein
der Feind
die Feinde
das Feld
die Felder
das Fenster
die Fenster
die Ferien
fernsehen
fertig
fest zugebunden
das Fest feiern
die Feste
das Feuer

er fiel
finden
sie findet
er fing
es fing an
der Finger
die Finger
der Fisch
die Fische
die Flasche
die Flaschen
das Fleisch
die Fliege
die Fliegen

wir fliegen
er fliegt
fliehen
fließen
er flog
er floh
der Floh
die Flöhe
es floss
der Flügel
die Flügel
das Flugzeug
die Flugzeuge
wir folgen
fort

Fr bis Fu

wir fragen
er fragt
er fraß
die Frau
die Frauen
frech
frei
der Freitag
die Freitage
fremd
fressen
freuen
der Freund
die Freunde
die Freundin
die Freundinnen

freundlich
der Friede oder:
der Frieden
frisch
er frisst
froh
früh
der Frühling
ich fuhr
führen
fünf
für
der Fuß
die Füße
das Futter

sie gab mir
ganz fertig
gar
der Garten
die Gärten
geben
hat gebeten
hat gebissen
hat gebrochen
ist gebunden
die Geburt
die Geburten
der Geburtstag
die Geburtstage
die Gefahr
die Gefahren
gefährlich
gefallen

es gefiel mir
ist geflossen
hat gefunden
ist gegangen
gegen
hat gegessen
hat gegossen
hat gehabt
gehen
hat geholfen
er geht
der Geist
hat geklungen
hat gelassen
gelb
das Geld
hat gelegen
das Gemüse

Gen bis Gew

genau
hat genommen
genug
gerade
hat gerissen
gern
das Geschäft
die Geschäfte
das Geschenk
die Geschenke
die Geschichte
die Geschichten
das Geschirr
hat geschlossen
hat gesessen
das Gesicht
die Gesichter
hat gesprochen
ist gesprungen
gestern
gesund
hat gesungen
ist gesunken
hat getan
hat getroffen
hat getrunken
er gewann
ist gewesen
gewinnen
sie gewinnt
hat gewonnen
ist geworden
hat geworfen

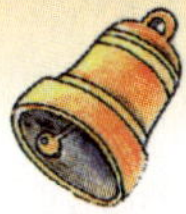

er gibt
wir gießen
es ging
das Glas
die Gläser
glatt
glauben
gleich schnell
die Glocke
die Glocken
das Glück
es goss
wir graben
sie gräbt
das Gras
die Gräser

greifen
die Grenze
die Grenzen
sie griff
groß
größer
er grub
grün
der Grund
die Gründe
die Gruppe
die Gruppen
guck mal!
gut

Ha

das Haar
die Haare
haben
ihr habt Zeit
halb
sie half mir
der Hals
die Hälse
er hält fest
wir halten fest
die Hand
die Hände
handeln

hart
der Hase
die Hasen
du hast Geld
sie hat
er hatte
er hätte
das Haus
nach Hause
zu Hause
die Häuser

heben
das Heft
die Hefte
heil
heiß und kalt
heißen
er heißt
helfen
hell
das Hemd
die Hemden

her damit!
heraus
der Herbst
herein
der Herr
die Herren
herunter
das Herz
die Herzen
heute

sie hielt fest
hier
er hieß
es hilft nichts
der Himmel
die Himmel
hin
hinaus
hinein
hinten
hinter
er hob auf
hoch
der Hof
die Höfe
hoffen

hoffentlich
holen
du holst
er holt
das Holz
die Hölzer
hören
du hörst
der Hort
die Horte
die Hose
die Hosen
der Hund
die Hunde
hundert
der Hunger

ich
der Igel
die Igel
gib ihm etwas!
lass ihn los!
mit ihnen zusammen
ihr
ihre
im Zimmer
immer
in dem Haus
innen drin
ab ins Bett!
sie irren sich
er isst es auf
es ist Zeit

ja
das Jahr
die Jahre
der Januar
jede
jeder
jemand
jetzt
der Juli
jung
der Junge
die Jungen
der Juni

Ka bis Kn 

der Kaffee
kalt
er kam
er kann
du kannst
er kannte
kaputt
der Käse
die Kasse
die Kassen
der Kasten
die Kästen
die Katze
die Katzen
kaufen
sie kauft
kein
kennen

das Kind
die Kinder
das Kino
die Kinos
klar
die Klasse
die Klassen
kleben
das Kleid
die Kleider
klein
klingen
es klingt
klug
das Knie
die Knie
knurren
er knurrt

kochen
der Koffer
die Koffer
kommen
du kommst
er kommt
der König
die Könige
die Königin
können
er konnte
das Korn
die Körner
der Kopf
die Köpfe

die Kosten
sie kosten
es kostet
der Krach
die Kräche
krank
kriegen
er kriegt
die Küche
die Küchen
der Kuchen
die Kuchen
die Kuh
die Kühe
kurz

La bis Le

lachen
sie lacht
der Laden
die Läden
er lag
die Lampe
das Land
die Länder
lang, lange
langsam
sie las ein Buch
lass das!
sie lassen los
er lässt los
laufen
du läufst
sie läuft
laut rufen

das Leben
wir leben
leer
legen
du legst
sie legt
der Lehrer
die Lehrer
die Lehrerin
die Lehrerinnen
leicht
Leid tun
sie leiden darunter
leise
lernen
lesen
der letzte Baum
die Leute

das Licht
die Lichter
lieb
lieben
lieber
das Lied
die Lieder
sie lief
liefern
sie liegen
du liegst
sie liegt
sie ließ los
sie liest ein Buch
die linke Hand
links
sie litt sehr
das Loch
die Löcher
der Löffel
die Löffel
lass los!
die Luft
die Lüfte
lustig

Ma bis Me

machen
er macht
das Mädchen
die Mädchen
ich mag es
der Mai
geh mal weg!
wir malen Bilder
sie malt ein Bild
die Mama
man sieht es
manch
manchmal
der Mann
die Männer
die Mark
der März
das Maß

die Maße
die Maus
die Mäuse
mehr wert
mein Ball
meine Mutter
meinen
melden
die Menge
die Mengen
der Mensch
die Menschen
merken
messen
das Messer
die Messer
das/der Meter
die Meter

mich
die Milch
mir
sie misst die Länge
mit
der Mittag
die Mittage
die Mitte finden
der Mittwoch
die Mittwoche
ich mochte
ich möchte
mögen
möglich
der Monat
die Monate
der Montag
die Montage
der Morgen
die Morgen
bis morgen
morgens
müde
die Mühe
die Mühen
der Müll
der Mund
die Münder
die Musik
sie muss
müssen
sie musste
der Mut
mutig
die Mutter
die Mütter

N

nach
der Nachmittag
die Nachmittage
der nächste Tag
die Nacht
die Nächte
der Nagel
die Nägel
nah
er nahm
der Name
die Namen
nämlich
er nannte
die Nase
die Nasen
nass
natürlich

neben
nehmen
nein
nennen
das Nest
die Nester
neu
neun
nicht
nichts
nie
niemand
er nimmt
noch
die Not
der November
nun
nur

ob
oben
obwohl
oder
der Ofen
die Öfen
lass offen!
oft
ohne
das Ohr
die Ohren
der Oktober
die Oma
die Omas
der Onkel
die Onkel
der Opa
die Opas
ordentlich
ordnen
die Ordnung
die Ordnungen
der Ort
die Orte

P

ein **paar** Sachen
wir packen
er packt
das Paket
die Pakete
der Papa
das Papier
die Papiere
die Pappe
die Pappen
sie passen
es passt
die Pause
die Pausen
der Pfennig
die Pfennige
das Pferd
die Pferde
die Pflanze
die Pflanzen
sie pflanzt
der Plan
die Pläne
der Platz
die Plätze
ganz plötzlich
die Post
der Preis
die Preise
prüfen
sie prüft
der Punkt
die Puppe
die Puppen
putzen
er putzt

der Quark
der Quatsch
quer

quietschen

das Rad
die Räder
ich rannte
rasch
sie rasen
wir raten
der Raum
die Räume
rechnen
die rechte Hand
rechts
sie reden
er redet

das Regal
die Regale
der Regen
regnen
reich werden
die Reihe
die Reihen
die Reise
die Reisen
wir reisen
sie reißen kaputt
sie rennen
er rennt
retten

Ri bis Ru

richtig
riechen
er rief
sie riet mir
der Ring
die Ringe
es riss
es roch
der Rock
die Röcke
sie rollen
der Roller
die Roller

es rollt
rot
der Rücken
die Rücken
rufen
er ruft
ruhig
rund
die Rutsche
die Rutschen
wir rutschen

die Sache
die Sachen
sie sagen
sie sagt
sie sah
der Salat
die Salate
der Samstag
die Samstage

der Sand
die Sande
sie sandte
sie sang schön
sie sank unter
sie saß
der Satz
die Sätze
sauber
sausen

Scha bis Schn

scharf
schauen
scheinen
schenken
er schenkt
die Schere
die Scheren
schicken
er schickt
schief
es schien
das Schiff
die Schiffe
schlafen
er schläft
schlagen
sie schlägt
schlau

schlecht
er schlief fest
schließen
der Schlitten
die Schlitten
sie schloss ab
er schlug vor
der Schluss
der Schlüssel
die Schlüssel
schmecken
schmücken
er schmückt
schmutzig
der Schnee
wir schneiden
schnell
sie schnitt

die Schokolade
schon
schön
der Schrank
die Schränke
sie schreiben
sie schreibt
schreien
sie schrie
sie schrieb
die Schrift
die Schriften
der Schuh
die Schuhe
die Schule
die Schulen
der Schüler
die Schüler
die Schülerin
die Schülerinnen
die Schüssel
die Schüsseln
sie schützen
er schützte
schwach
ich schwamm
der Schwanz
die Schwänze
schwarz
schwer
die Schwester
die Schwestern
schwimmen
sie schwimmt

Se bis Si

sechs

der/die See

die Seen

sehen

sehr

ihr seid

die Seife

die Seifen

das Seil

die Seile

in sein Ohr

in seine Nase

in seiner Tasche

seit gestern

die Seite

die Seiten

selber

selbst

selten

senden

der September

setzen

er setzte

sich

sicher

sie

sieben

sie siegen

du siehst

er sieht

wir sind

singen

er singt ein Lied

sinken

sie sinkt unter

wir sitzen oben

so
sofort
sogar
der Sohn
die Söhne
der Soldat
die Soldaten
wir sollen bleiben
der Sommer
die Sommer
sondern
der Sonnabend
die Sonnabende
die Sonne
die Sonnen
der Sonntag
die Sonntage
sonst

der Spaß
die Späße
spät
sperren
sie sperrt
das Spiel
die Spiele
spielen
du spielst
sie spielt
spitz
der Sport
sie sprach
sie sprang
sprechen
sie spricht
springen
sie springt

St bis Su

der Staat
die Staaten
die Stadt
die Städte
er stand
stark
stecken
stehen
er steht
steigen
der Stein
die Steine
die Stelle
die Stellen
wir stellen es hin
ich stieg
sei still !
sie stimmen zu

der Stoff
die Stoffe
stolz
stoßen
sie stößt weg
die Straße
die Straßen
der Streit
die Stube
das Stück
die Stücke
der Stuhl
die Stühle
die Stunde
die Stunden
suchen
die Suppe
süß

die Tafel
die Tafeln
der Tag
die Tage
die Tante
die Tanten
die Tasche
die Taschen
die Tasse
die Tassen
es tat weh
wir taten es
tauchen
er taucht
tausend
der Tee

der/das Teil
die Teile
teilen
das Telefon
die Telefone
der Teller
die Teller
teuer
der Text
die Texte
tief
das Tier
die Tiere
der Tisch
die Tische

To bis Tu

die Tochter
die Töchter
toll
der Topf
die Töpfe
das Tor, die Tore
die Torte
die Torten
tot umfallen
sie traf
sie tragen
sie trägt
sie trank
er trat mich
der Traum
die Träume
traurig
wir treffen
treiben
trennen
treten
treu
sie trieb
sie trifft
trinken
trocken
trotzdem
sie trug
das Tuch
die Tücher
tun
die Tür, die Türen
wir turnen
sie tut das
die Tüte
die Tüten

üben
über
überall
überhaupt
übrig
die Übung
die Übungen

die Uhr
die Uhren
um
und
der Unfall
die Unfälle
uns
unser
unten
unter

V

der Vater
die Väter
er vergaß
vergessen
sie vergisst das Heft
verkaufen
der Verkehr
verletzen
verlieren
er verlor
sie verstand es
verstehen
viel Zeit
viele Leute

vielleicht
vier
der Vogel
die Vögel
das Volk
die Völker
voll
vom
von
vor
vorbei
vorher
vorn
vorsichtig

wach
wachen
wachsen
es wächst
der Wagen
die Wagen rollen
wahr, nicht gelogen
während
der Wald
die Wälder
die Wand
die Wände
wandern
sie wandert

wann und wo
es war einmal
es wäre schön
es waren einmal
er warf
warm
warnen
warten
warum
was
waschen
sie wäscht
das Wasser
die Wasser

We

geh weg !
der Weg
die Wege
wegen
wehtun
weich
das Weihnachten
weil
weinen
du weinst
er weint
ich weiß
weiß und schwarz

weit und breit
weiter
welche
die Welt
die Welten
wem gehört das?
wen sehe ich?
wenig
wenn ich komme
wer kommt?
wir werden rufen
werfen
das Wetter
die Wetter

wie
nie wieder
die Wiese
die Wiesen
wild
er will
du willst
der Wind
die Winde
der Winter
wir
es wird
er wirft
wirklich schön
du wirst krank
wir wissen
wo
die Woche

die Wochen
wohl
wohnen
die Wohnung
die Wohnungen
die Wolke
wollen
ich wollte
das Wort
die Wörter
sie wuchs schnell
die Wunde
wünschen
es wurde hell
die Wurst
die Würste
sie wusch
er wusste

Z

die Zahl
die Zahlen
wir zahlen ein
sie zählen
der Zahn
die Zähne
der Zaun
die Zäune
zehn, elf, zwölf
zeigen
die Zeit
die Zeiten
die Zeitung
die Zeitungen
ziehen
das Zimmer
die Zimmer
sie zog

der Zoo
die Zoos
zu
zuerst
der Zug
die Züge
zuletzt
zum
zur
zurück
zusammen
zwanzig
zwar
zwei
der Zweig
die Zweige
zwischen
zwölf

2. WÖRTERVERZEICHNIS

für das 3./4. Schuljahr

In diesem Wörterverzeichnis findest du auch Wörter aus elf anderen europäischen Sprachen. Um Platz zu sparen, werden diese Sprachen oft mit Autokennzeichen benannt:

CZ – Tschechien
DK – Dänemark
E – Spanien
F – Frankreich
GB – Großbritannien
GR – Griechenland
I – Italien
NL – Niederlande
PL – Polen
TR – Türkei

SKr: Für Serbokroatisch gibt es kein Autokennzeichen, weil seine Dialekte in vier Ländern gesprochen werden: Bosnien, Jugoslawien, Kroatien und Slowenien. Dafür steht das Zeichen ***SKr***.

Wie man fremdsprachige Wörter ausspricht, steht oft in Klammern. Aber meist reichen unsere Buchstaben dafür nicht aus. Deshalb gibt es einige zusätzliche Zeichen:

å – ein Laut zwischen *a* und *o*
∂ – ein Lispellaut fürs Englische, Dänische, Griechische und Spanische, den dir Lehrerin oder Lehrer vorsprechen
ß – ein „scharfes" oder stimmloses *s*
~~*sch*~~ – Das durchgestrichene ~~*sch*~~ wird „mit Stimme" gesprochen wie in Gelee (~~*Sch*~~*elee)*.
~~*on*~~ – Das sind „Nasallaute": Sie werden „durch die Nase"
~~*an*~~ gesprochen. Zum Üben kannst du dir die Nase
~~*in*~~ beim Sprechen zuhalten.

Wenn in einem Klammerwort ein kleiner Schrägstrich über einem Buchstaben steht, ist das ein Betonungszeichen, z. B. *(jássu)*.

Wenn ein Wort ein ✿ hat, findest du ab Seite 208 seine englische und französische Übersetzung.

der **Aal,** die Aale

Aaron *(Bergbewohner – Name aus der Bibel)*

Aaron

das **Aas**

ab und zu

das **ABC**

der **A|bend,** die Abende

> ### Abend
> **groß**:
> am Abend, jeden Abend
> eines Abends
> des Abends, heute Abend
> guten Abend, zu Abend
> essen, am Montagabend
>
> **klein**:
> abends, abendlich
> Im Zweifel großschreiben!

das **A|bend|land**

das **A|ben|teu|er,** die Abenteuer, abenteuerlich

a|ber

der **A|ber|glau|be,** abergläubisch

a|ber|mals

ab|fah|ren, die Abfahrt, die Abfuhr

der **Ab|fall,** die Abfälle

der/die **Ab|ge|ord|ne|te,** die Abgeordneten

der **Ab|grund,** die Abgründe

der **Ab|hang,** die Abhänge

ab|hau|en

das **A|bi|tur**

ab|kür|zen, die Abkürzung

ab|leh|nen, die Ablehnung

ab|len|ken, die Ablenkung

ab|ma|chen, die Abmachung

ab|mel|den, die Abmeldung

a|bon|nie|ren, das Abonnement (kurz: Abo)

der **Ab|satz,** die Absätze

der **Ab|schied,** verabschieden

ab|schlie|ßen, der Abschluss

ab|schnei|den, der Abschnitt

ab|schrei|ben, die Abschrift

ab|seits, der Spieler war abseits, stand im Abseits

ab|sen|den, der Absender

ab|set|zen, der Absatz

die **Ab|sicht,** die Absichten, absichtlich

Deutsch: Affe	*Tschechisch*: opice	*Französisch*: singe
Englisch: ape	*Serbokroatisch*: majmun	*Spanisch*: mono
Dänisch: abe	*Niederländisch*: aap	*Türkisch*: maymun

Agnes

ab|so|lut
ab|stam|men, die Abstammung
der **Ab|stand,** die Abstände
ab|stim|men, die Abstimmung
ab|stür|zen, der Absturz
das **Ab|teil,** die Abteile, die Abteilung
ab|trock|nen
ab|wärts
der **Ab|wasch,** abwaschen
ab|wech|seln, abwechselnd, die Abwechslung
ab|we|send
das **Ab|zei|chen,** die Abzeichen
ab|zie|hen, der Abzug
die **Ach|se,** die Achsen
acht*, achtzehn, achtzig

acht (8)
klein:
heute um acht
Sie ist acht (Jahre).
klein und zusammen:
achtmal, achtjährig
groß:
die Achte in der Reihe
eine Acht fahren

Acht geben, gib Acht!, nimm dich in Acht!
die **Ach|tung**
äch|zen, du ächzt
der **A|cker,** die Äcker
ad|die|ren, sie addierte, die Addition
A|de sagen
der **A|del,** der Ad(e)lige
die **A|der,** die Adern
das **Ad|jek|tiv,** die Adjektive
der **Ad|ler,** die Adler
a|dop|tie|ren, er adoptierte, die Adoption
die **A|dres|se,** die Adressen, adressieren
die **A|dria**
Adrian *(Mann aus Adria – Ursprung römisch)*
der **Ad|vent,** der Adventskranz
das **Ad|verb,** die Adverbien
der **Af|fe***, die Affen
Af|ri|ka, der Afrikaner
ag|gres|siv
Agnes *(die Reine – Ursprung griechisch)*
ah|nen, sie ahnte, die Ahnung
ähn|lich, die Ähnlichkeit
die **Ah|nung,** die Ahnungen, ahnungslos
der **A|horn**
die **Äh|re,** die Ähren
das **Aids**
der **Ak|ku|sa|tiv** (4. Fall)
der **Ak|ro|bat,** die Akrobaten
die **Ak|te,** die Akten
die **Ak|tie,** die Aktien

Albert

ak|tiv,
die Aktivität
a|kut
der **A|larm,**
alarmieren
al|bern
Albert, Alberto *(von glänzender Abstammung – Ursprung deutsch)*
das **Al|bum,** die Alben
Alexander, Alexandra, Alessandra, Alessandro *(Menschen, die andere schützen – Ursprung griechisch)*
Alfred *(Ratgeber – englischer Name)*
Ali *(der Erhabene – arabischer Name)*
Alice, Alicia, Alice, Alisa *(von edler Art – englisch)*
Alina *(slawisch →* Helena*)*
der **Al|ko|hol,** alkoholfrei
der **Al|lah**
al|le, al|les
die **Al|lee,** die Alleen
al|lein
am **al|ler|bes|ten**
al|ler|dings
die **Al|ler|gie,** die Allergien
al|ler|hand
Al|ler|hei|li|gen
all|zu, allzu gut
die **Alm,** die Almen
die **Al|pen**
das **Al|pha|bet,** die Alphabete, alphabetisch
der **Alp|traum**
als
al|so
alt✿, älter, am ältesten

> alt
>
> **groß:**
> der Alte, die Alten
> alles bleibt beim Alten
> Alt und Jung
> etwas Altes sammeln
>
> **klein:**
> alte Leute, das alte Jahr

der **Al|tar,** die Altäre
das **Al|ter,** das Altersheim
die **Al|ter|na|ti|ve,**
die Alternativen
das **A|lu|mi|ni|um**
der **A|ma|teur** (sprich: *amatöhr*), die Amateure
die **A|mei|se,** die Ameisen, der Ameisenhaufen
A|men, Amen sagen
A|me|ri|ka, der Amerikaner, amerikanisch
A|mok laufen
die **Am|pel,** die Ampeln
die **Am|phi|bie,** die Amphibien
die **Am|pul|le,** die Ampullen
am|pu|tie|ren,
die Amputation

die **Am|sel,** die Amseln

das **Amt,** die Ämter, amtlich

an, ans (an das Haus)

die **A|na|nas**

an|bie|ten, das Angebot

die **An|dacht,** die Andachten, andächtig

das **An|den|ken,** die Andenken

an|de|re*, andernfalls

än|dern, sie änderte, die Änderung

an|ders, ein anderer Tag

an|dert|halb

Andrea, Andreas, Andi

(tapferer Mensch – Ursprung griechisch)

Französisch: **André** (Mann)
Andrée (Frau) *(~~an~~dree)*

Englisch: **Andrew, Andy**
(ändruh, ändi)

Polnisch: **Andrzej** *(and~~seh~~ej)*

Italienisch: **Andrea** (Mann!)

Spanisch: **Andrés**

an|ein|an|der

an|er|ken|nen, die Anerkennung

der **An|fall,** die Anfälle, anfällig

an|fan|gen, es fing an, der Anfang, der Anfänger

der **An|ge|ber,** die Angeber, angeben

an|geb|lich

der/die **An|ge|hö|ri|ge,** die Angehörigen

die **An|gel,** die Angeln, angeln

Angela, Angelina, Angélique, Angelika

(Engel, die Engelsgleiche – Ursprung griechisch)

die **An|ge|le|gen|heit,** die Angelegenheiten

an|ge|nehm

an|ge|sichts

der/die **An|ge|stell|te,** die Angestellten

sich **an|ge|wöh|nen,** die Angewohnheit

die **An|gi|na**

an|grei|fen, der Angriff

die **Angst,** die Ängste, ängstlich, er hat Angst

an|hand der Spuren

der **An|hän|ger,** die Anhänger

der **An|ker,** die Anker

an|kom|men, sie kam an

die **An|la|ge,** die Anlagen

> Das römische Wort amator bedeutet u. a. *Liebhaber*. Bei den Franzosen wurde daraus amateur. Damit meinten sie einen, der aus Liebhaberei und nicht für Geld handelt.
> Fast alle Europäer übernahmen das Wort in ihre Sprachen.

der **An|lass,** die Anlässe

Anna

an|leh|nen

an|mel|den, die Anmeldung

Anna, Anita, Anja *(die Liebevolle – Name aus der Bibel)*
Norddeutsch: **Anke, Antje**
Französisch: **Anne** *(ann)*, **Annette** *(annett)*
Schwed.: **Annika, Anika**
Englisch: **Ann** *(änn)*

an|neh|men, du nimmst an, die Annahme

die **An|non|ce,** die Annoncen

der **A|no|rak,** die Anoraks

an|re|den, die Anrede

an|ru|fen, der Anruf

die **An|sa|ge,** die Ansagen, die Ansagerin

an|schau|en, die Anschauung, anschaulich

an|schei|nend (es hat den Anschein), aber: →scheinbar

der **An|schlag,** die Anschläge

an|schlie|ßen, der Anschluss, anschließend

die **An|schrift,** die Anschriften

an|se|hen, die Ansicht

der **An|sporn**

die **An|spra|che,** die Ansprachen

der **An|spruch,** die Ansprüche

die **An|stalt,** die Anstalten

der **An|stand,** anständig

an|statt

an|ste|cken, ansteckend, die Ansteckung

an|stel|len

sich **an|stren|gen,** die Anstrengung, anstrengend

der **An|teil,** die Anteile

die **An|ten|ne,** die Antennen

an|tik, die Antike

die **An|ti|qui|tät,** die Antiquitäten

Anton, Toni *(Ursprung: ein alter römischer Name)*
Englisch: **Anthony** *(än∂eni)*
Italienisch: **Antonio** (Mann), **Antonia** (Frau)
Französ.: **Antoine** *(~~an~~toan)*

der **An|trag,** die Anträge

ant|wor|ten, sie antwortete, die Antwort

der **An|walt,** die Anwälte

an|wei|sen, sie wies an, die Anweisung

> Ein Wort wandert: ***italienisch:*** appartamento, ***spanisch:*** apartamento, ***französisch:*** appartement. Von den Franzosen haben es Türken (apartman), Amerikaner und Engländer (apartment) und wir (Apartment/Appartement).

Arne

an|wen|den, die Anwendung
an|we|send
die **An|zahl**
die **An|zah|lung**
an|zei|gen, die Anzeige
an|zie|hen, die Anziehungskraft, der Anzug
an|zün|den
die **AOK** (Allgemeine Ortskrankenkasse)
das **A|part|ment,** die Apartments
der **Ap|fel**✿, die Äpfel
die **Ap|fel|si|ne**✿, die Apfelsinen
die **A|po|the|ke,** die Apotheken, die Apothekerin
der **Ap|pa|rat,** die Apparate
das **Ap|par|te|ment,** die Appartements
der **Ap|pe|tit,** appetitlich
der **Ap|plaus,** applaudieren
die **A|pri|ko|se,** die Aprikosen
der **A|pril**✿
das **A|qua|ri|um,** die Aquarien
der **Ä|qua|tor**
der **A|ra|ber,** die Araber, arabisch
ar|bei|ten, sie arbeitete, die Arbeit, der Arbeiter, die Arbeiterin, Arbeitgeber und Arbeitnehmer, arbeitsfähig
ar|beits|los, die Arbeitslosen, die Arbeitslosigkeit
der **Ar|chi|tekt,** die **Architektin,** die Architekten
das **Ar|chiv,** die Archive
arg, ärger
är|gern, er ärgerte, der Ärger, ärgerlich
das **Ar|gu|ment,** die Argumente, argumentieren
arm sein✿, die Armut, der Arme, die Arme, ärmlich
der **Arm**✿, die Arme
die **Ar|mee,** die Armeen
der **Är|mel,** die Ärmel
Armin *(Name des germanischen Fürsten Arminius)*
Arnd, Arndt, Arne *(Herrscher wie ein Adler – alter deutscher Name)*
die **Art,** die Arten, die Art und Weise
ar|tig
der **Ar|ti|kel,** die Artikel
der **Ar|tist,** die **Artistin,** die Artisten, artistisch
die **Arz|nei,** die Arzneien
der **Arzt,** die **Ärztin,** die Ärzte
A|si|en, die Asiaten, asiatisch
der **As|phalt**
der **As|sis|tent,** die **Assistentin,** die Assistenten
der **Ast,** die Äste

A B C D E F G H I J K L M N O P Q R S T U V W X Y Z

Astrid *(göttlich schön – Ursprung schwedisch)*

die **As|tro|no|mie**

das **A|syl,** der Asylbewerber

der **A|tem,** atmen, atemlos

der **Ath|let,** die **Athletin,** die Athleten, athletisch

der **At|lan|tik**

der **At|las,** die Atlanten oder: die Atlasse

at|men, sie atmete

die **At|mo|sphä|re**

das **A|tom,** die Atome, das Atomkraftwerk

das **At|test,** die Atteste

auch✿

auf

auf|ein|an|der

der **Auf|ent|halt,** die Aufenthalte

auf|fal|len, auffällig

auf|for|dern, die Aufforderung

die **Auf|ga|be,** die Aufgaben

auf|ge|hen, der Aufgang

auf|ge|regt

auf|hö|ren

auf|merk|sam, die Aufmerksamkeit

auf|pas|sen, sie passte auf

auf|räu|men, er räumte auf

auf|recht

auf|re|gen, die Aufregung, aufgeregt, aufregend

auf|rich|tig, die Aufrichtigkeit

aufs (auf das Dach)

der **Auf|satz,** die Aufsätze

der **Auf|schnitt**

die **Auf|sicht**

auf|ste|hen, der Aufstand

auf|stel|len, die Aufstellung

der **Auf|trag,** die Aufträge

auf|tre|ten, der Auftritt

der **Auf|wand,** aufwändig

auf|wärts

der **Auf|wasch**

auf Wie|der|se|hen✿

der **Auf|zug,** die Aufzüge

das **Au|ge**✿, die Augen, das Augenlid, die Augenwimper

der **Au|gen|blick,** die Augenblicke, augenblicklich

der **Au|gust**✿

Die ganze Welt gebraucht ein altes griechisches Wort. Heute sprechen es die Griechen so: *aðlitís*. ***D:*** Athlet; ***GB:*** athlete; ***F:*** athlète; ***E:*** atléta; ***DK:*** atlet; ***PL, I:*** atleta; ***TR:*** atlet; ***NL:*** atleet; ***CZ:*** atlet; ***SKr:*** átlet

Axel

aus|bil|den, die Ausbildung
aus|brei|ten
die **Aus|dau|er,** ausdauernd
aus|deh|nen, die Ausdehnung
aus|drü|cken, der Ausdruck
aus|ein|an|der
der **Aus|flug,** die Ausflüge
die **Aus|fuhr**
aus|führ|lich
aus|ge|ben, die Ausgabe
aus|ge|hen, der Ausgang
aus|ge|rech|net
aus|ge|schlos|sen
aus|gie|big
die **Aus|kunft**
das **Aus|land,** der Ausländer, ausländisch
die **Aus|nah|me,** die Ausnahmen, ausnahmsweise
der **Aus|puff,** die Auspuffe
aus|rech|nen, die Ausrechnung
die **Aus|re|de,** die Ausreden
aus|rei|chend
aus|ru|fen, der Ausruf
aus|ru|hen
die **Aus|sa|ge,** die Aussagen
die **Aus|schei|dung**
aus|schließ|lich
au|ßen
au|ßer, außerdem, außerhalb
das **Äu|ße|re**
äu|ßer|lich
äu|ßern, sie äußerte, die Äußerung
au|ßer|or|dent|lich
äu|ßerst gefährlich
die **Aus|sicht,** die Aussichten, aussichtslos
aus|spre|chen, der Ausspruch, die Aussprache
aus|stel|len, die Ausstellung
aus Ver|se|hen
aus|wäh|len, die Auswahl
aus|wan|dern, die Auswanderung
aus|wär|tig, aus|wärts
der **Aus|weg,** die Auswege
der **Aus|weis,** die Ausweise
aus|wen|dig
aus|zeich|nen, ausgezeichnet, die Auszeichnung
aus|zie|hen, der Auszug
das **Au|to,** die Autos, die Autobahn, Auto fahren
das **Au|to|gramm,** die Autogramme
der **Au|to|mat,** die Automaten
Axel *(Friedenmacher – schwedische Form eines biblischen Namens)*
die **Axt,** die Äxte

A B C D E F G H I J K L M N O P Q R S T U V W X Y Z

Babette

Babette
(französisch: kleine → Barbara*)*

das **Ba|by,** die Babys

der **Bach,** die Bäche

die **Ba|cke,** die Backen

ba|cken, er bäckt (auch: backt), sie backte (auch: buk), der Bäcker

das **Bad,** die Bäder

ba|den, sie badete

Ba|den-Würt|tem|berg, die Baden-Württemberger, baden-württembergisch

der **Bag|ger,** die Bagger, baggern

die **Bahn,** die Bahnen, der Bahnhof, der Bahnsteig

die **Bah|re,** die Bahren

die **Bak|te|rie,** die Bakterien

ba|lan|cie|ren, sie balancierte, die Balance

bald

sich **bal|gen,** sie balgten sich, die Balgerei

der **Bal|ken,** die Balken

der **Bal|kon,** die Balkone oder: die Balkons

der **Ball***, die Bälle, Ball spielen

das **Bal|lett**

der **Bal|lon,** die Ballone oder: die Ballons

die **Ba|na|ne,** die Bananen

das **Band,** die Bänder

die **Band** (sprich: *bänd* – Musikgruppe), die Bands

die **Ban|de,** die Banden

ban|ge, ich bin bange, nur keine Bange!

die **Bank** (im Garten), die Bänke

die **Bank** (Sparkasse), die Banken

bar, bares Geld

der **Bär,** die Bären

die **Ba|ra|cke,** die Baracken

Barbara, Bärbel, Barbi
(Fremde, Ausländerin – Ursprung römisch)

barm|her|zig, die Barmherzigkeit

das **Ba|ro|me|ter,** die Barometer

der **Bart,** die Bärte

die **Ba|se,** die Basen

der **Bass,** die Bässe

> Bei den Germanen hieß bal: Ball, Kugel. Man merkt es bis heute: ***GB:*** ball; ***NL:*** bal; ***DK:*** bold *(boll)*. Die Italiener machten daraus pallone. Aus pallone wurde bei den Franzosen ballon. Und den Ballon übernahmen wir von den Franzosen.

Bastian

der **Bast**
bas|teln, sie bastelte
Bastian (→ Sebastian)
der/die **Ba|tik**
die **Bat|te|rie,** die Batterien
der **Bau,** die Baue (von Tieren)
der **Bau,** die Bauten (Gebäude)
der **Bauch,** die Bäuche, die Bauchschmerzen, das Bauchgrimmen
bau|en, sie baute
der **Bau|er** (Landwirt)*, die **Bäuerin,** die Bauern
das/der **Bau|er** (für Vögel), die Bauer
der **Baum***, die Bäume
bau|meln, es baumelte
Bay|ern, die Bayern, bayerisch
die **Ba|zil|le,** die Bazillen
Beata, Beate, Beatrix, Beatrice, Bea *(die Glückliche – Ursprung römisch)*
der **Be|am|te,** die **Beamtin,** die Beamten
be|an|tra|gen, sie beantragte
be|ant|wor|ten
be|ar|bei|ten, die Bearbeitung
der **Beat,** die Beatles, die Beatmusik

be|ben, es bebte, das Beben
der **Be|cher,** die Becher
das **Be|cken,** die Becken
mit **Be|dacht**
be|däch|tig
sich **be|dan|ken,** sie bedankte sich
der **Be|darf**
be|dau|ern, sie bedauerte, bedauerlich
be|den|ken, das Bedenken
be|deu|ten, es bedeutete, die Bedeutung, bedeutend, bedeutungslos
be|die|nen, die Bedienung
die **Be|din|gung,** die Bedingungen, bedingungslos
be|dro|hen, sie bedrohte, die Bedrohung, bedrohlich
der **Be|du|i|ne,** die Beduinen
das **Be|dürf|nis,** die Bedürfnisse, die Bedürftigen, bedürftig
sich **be|ei|len,** sie beeilte sich
be|ein|flus|sen, die Beeinflussung
be|en|den, die Beendigung
be|er|di|gen, die Beerdigung
die **Bee|re,** die Beeren
beesch gibt es nicht → beige
das **Beet,** die Beete

Bella

be|feh|len, sie befiehlt, befahl, hat befohlen, der Befehl
be|fes|ti|gen, die Befestigung
sich **be|fin|den,** sie befand sich, hat sich befunden, das Befinden
be|för|dern, sie beförderte, die Beförderung
be|frei|en, die Befreiung
be|frie|di|gen, die Befriedigung, befriedigend
be|fruch|ten, die Befruchtung
die **Be|fug|nis,** die Befugnisse
be|fürch|ten, die Befürchtung
be|gabt, die Begabung
be|geg|nen, die Begegnung
be|geh|ren, das Begehren
be|geis|tern, die Begeisterung
be|gin|nen, sie begann, hat begonnen, der Beginn
be|glei|ten, die Begleitung
be|glück|wün|schen
be|gra|ben, das Begräbnis
be|grei|fen, der Begriff
be|grün|den, die Begründung
be|grü|ßen, die Begrüßung
be|gu|cken
be|hä|big
be|hag|lich
be|hal|ten, der Behälter
be|hän|de
be|han|deln, die Behandlung
be|har|ren, sie beharrte darauf, beharrlich
be|haup|ten, die Behauptung
be|he|ben
be|herr|schen, die Beherrschung
be|hilf|lich sein
be|hin|dern, die Behinderung
die **Be|hör|de,** die Behörden
be|hut|sam
bei
beich|ten, er beichtete, die Beichte

Aus europäischen Hundesprachen
D: wau-wau; *GB*: bow-wow und woof-woof; *NL*: woef-woef, waf-waf; *TR*: havhav; *F*: oua-oua; *I*: bau-bau; *E*: guau-guau; *PL*: hau-hau; *DK*: vov-vov (*wou-wou*); *SKr*: vau-vau

Benedikt

bei|de,
beiderseitig,
beiderseits,
beidbeinig
bei|ein|an|der
der **Bei|fah|rer,** die **Beifahrerin,** die Beifahrer
der **Bei|fall**
beige (sprich: *beesch*)
das **Beil,** die Beile
beim (bei dem Haus)
das **Bein**✿, die Beine
bei|na|he
bei|sei|te legen
das **Bei|spiel,** die Beispiele, zum Beispiel (kurz: z. B.)
bei|ßen, er biss, gebissen, der Biss, bissig
der **Bei|trag,** die Beiträge
be|kannt, die Bekannten, bekanntlich
das **Be|kennt|nis,** die Bekenntnisse
be|kle|ckert
be|kom|men, sie bekam
der **Be|lag,** die Beläge
be|läs|ti|gen, er belästigte, die Belästigung
be|lei|di|gen, er beleidigte, die Beleidigung
be|leuch|ten, die Beleuchtung
Bel|gi|en, die Belgier, belgisch

be|lie|big
be|liebt
Bella *(die Schöne – aus dem Italienischen und Spanischen)*
bel|len, er bellte
be|loh|nen, die Belohnung
be|mer|ken, die Bemerkung, bemerkbar, bemerkenswert
sich **be|mü|hen,** die Bemühung
be|nach|rich|ti|gen, die Benachrichtigung
Benedikt *(der Gesegnete)*
Italienisch: **Benedetto, Benito**
Franz.: **Benoît** *(benoa)*
Engl.: **Benedict, Bennet**
Dänisch: **Bent**
sich **be|neh|men,** er benimmt sich, hat sich benommen, schlechtes Benehmen
be|nei|den, beneidenswert
der **Ben|gel,** die Bengel
Benjamin *(Glückskind – Name aus der Bibel)*
Englisch: **Ben, Benny**
be|nö|ti|gen, sie benötigte
be|nut|zen, die Benutzung, die Benutzer, benutzbar
das **Ben|zin**
be|ob|ach|ten, die Beobachtung
be|quem, die Bequemlichkeit

be|ra|ten,
die Beratung

Berti

be|rech|ti|gen,
die Berechtigung, berechtigt
der **Be|reich,** die Bereiche
sich **be|rei|chern,**
die Bereicherung
be|reit, die Bereitschaft
be|reits
be|reu|en, er bereute
der **Berg,** die Berge, das Bergwerk, bergig, bergauf
ber|gen, sie birgt, barg, hat geborgen, die Bergung, die Geborgenheit
be|rich|ten, der Bericht
be|rich|ti|gen,
die Berichtigung
Berit *(schwedische Form von* → Birgit*)*
Ber|lin, die Berliner, berlinerisch
Bernadette *(französischer Frauenname* → Bernhard*)*
Bernhard, Bernd *(starker Bär – alter deutscher Name)*
Französ.: **Bernard** *(bernahr)* (Mann)
Italienisch/Spanisch:
Bernardo (Mann),
Bernarda (Frau)
bers|ten, es barst, ist geborsten

Berta, Berthold, Berti
(glänzender Mensch)
be|rüch|tigt
be|rück|sich|ti|gen,
die Berücksichtigung
der **Be|ruf,** die Berufe, beruflich, berufstätig
be|ru|hi|gen,
die Beruhigung
be|rühmt
be|rüh|ren, die Berührung
be|schä|di|gen,
die Beschädigung
be|schäf|ti|gen,
die Beschäftigung
Be|scheid wissen
be|schei|den,
die Bescheidenheit
be|schei|ni|gen,
die Bescheinigung
be|sche|ren,
die Bescherung
be|schlie|ßen, er beschloss, der Beschluss
be|schrei|ben, sie beschrieb, die Beschreibung
sich **be|schwe|ren,**
die Beschwerde
der **Be|sen,** die Besen
be|set|zen, die Besetzung
die **Be|sich|ti|gung,**
besichtigen
sich **be|sin|nen,** er besann sich, die Besinnung

Betti

be|sit|zen, sie besaß, hat besessen, der Besitz

be|son|ders

be|sor|gen, die Besorgung, die Besorgnis

be|spre|chen, er besprach, die Besprechung

bes|ser, bes|te*

beste

groß:
das Beste, was es gibt
Es ist das Beste, Frieden zu halten.
Sie nahm den ersten Besten.
Das Beste ist gut genug.
Ich tue mein Bestes.
Sie ist die Beste im Sport.

klein:
Es ist am besten, Frieden zu halten.

be|ste|chen, die Bestechung

das **Be|steck,** die Bestecke

be|ste|hen, es bestand

be|stel|len, sie bestellte, die Bestellung

die **Bes|tie,** die Bestien

be|stim|men, sie bestimmte, die Bestimmung

be|su|chen, der Besuch, die Besucher

be|tei|li|gen, sie beteiligte, die Beteiligung

be|ten, sie betete, das Gebet

der **Be|ton**

be|trach|ten, die Betrachtung

der **Be|trag,** die Beträge

be|tra|gen, der Preis beträgt ...

sich **be|tra|gen,** er betrug sich gut, sein Betragen war gut

der **Be|trieb,** die Betriebe

be|trü|gen, er betrog, der Betrüger

das **Bett***, die Betten

bet|teln, er bettelte, der Bettler

Betti, Bettina (→ Elisabeth)

beu|gen, sie beugte, die Beugung

Vor Urzeiten hatten unsere Vorfahren zum Schlafen ein Polsterlager auf einem Stück Erde. Das war wie ein gepolstertes Beet zum Schlafen. *Beet* und *Bett* nannten sie beides betti. Engländer und Niederländer nennen noch heute beides bed.

die **Beu|le,** die Beulen
die **Beu|te,** erbeuten
der **Beu|tel,** die Beutel
die **Be|völ|ke|rung,** bevölkert
be|vor
be|vor|zu|gen, sie bevorzugte, die Bevorzugung
be|we|gen, sie bewegte, die Bewegung, beweglich
be|wei|sen, er bewies, der Beweis
sich **be|wer|ben,** sie bewarb sich, hat sich beworben, die Bewerbung
be|wil|li|gen, sie bewilligte
be|woh|nen, sie bewohnte, die Bewohner
die **Be|wöl|kung,** bewölkt
be|wun|dern, die Bewunderung, bewundernswert
be|wusst|los
be|zah|len, die Bezahlung
be|zie|hen, der Bezug, beziehungsweise, kurz: bzw.
der **Be|zirk,** die Bezirke
der **Be|zug,** die Bezüge
Bianca, Bianka *(die Weiße – aus dem Italienischen)*
die **Bi|bel,** die Bibeln
die **Bi|bli|o|thek,** die Bibliotheken

Birgit

der **Bi|bli|o|the|kar,** die **Bibliothekarin,** die Bibliothekare
bie|gen, sie bog, die Biegung
die **Bie|ne,** die Bienen
das **Bier,** die Biere
bie|ten, sie bot
das **Bild,** die Bilder
bil|den, sie bildete, die Bildung
Bill, Billy (→ Wilhelm)
bil|lig*
ich **bin** (Grundform: sein)
bin|den, er band, sie hat gebunden, die Binde
die **Bi|o|gra|phie / Bi|o|gra|fie**
die **Bi|o|lo|gie,** die Biologin, der Biologe
das **Bi|o|top,** die Biotope
Birgit, Birgitta, Birthe, Birte *(aus dem Schwedischen → Brigitte)*
die **Bir|ke,** die Birken
die **Bir|ne,** die Birnen
bis bald!, aber: er biss
der **Bi|schof,** die Bischöfe
bis|her
ein **biss|chen**
bis|sig
du **bist** (Grundform: sein)
bit|te* schön
bit|ten, sie bittet, er bat, hat gebeten, die Bitte
bit|ter, bitterkalt

Björn *(norwegisch und schwedisch: der Bär)*

Björn

das **Blag,** die Blagen
blä|hen, die Blähung
die **Bla|ma|ge,** sich blamieren, blamabel
blank, blan|ko
die **Bla|se,** die Blasen
bla|sen, er bläst, er blies
blass, die Blässe
das **Blatt,** die Blätter, blättern
blau*, bläulich, die Blaubeere, das Blaukraut

> blau
> **klein**:
> der blaue Brief
> ein blaues Wunder erleben
> etwas blau malen
> **groß**:
> die Farbe Blau
> ganz in Blau gekleidet
> eine Fahrt ins Blaue
> **zusammen / getrennt**:
> blaugrau, blau gestreift

das **Blech,** die Bleche, der Blechner
das **Blei,** bleiern
blei|ben, sie blieb, etwas bleiben lassen
bleich
der **Blei|stift***, die Bleistifte
blen|den, es blendete, die Blende
bli|cken, sie blickte, der Blick
blind, der Blinde, blindlings
der **Blind|darm,** die Blinddarmentzündung
die **Blind|schlei|che,** die Blindschleichen
blin|ken, er blinkte, der Blinker, das Blinklicht
blin|zeln, sie blinzelte
der **Blitz,** die Blitze, das Blitzlicht, blitzen, blitzartig, blitzschnell
der **Block,** die Blöcke oder: die Blocks
die **Block|flö|te,** die Blockflöten
blöd, blöde, der Blödsinn
blö|ken, es blökte
blond, die Blondine
bloß
blub|bern

> Das germanische Wort blau wanderte in viele Völker – nicht in alle. ***GB***: blue *(bluh)*; ***F***: bleu *(blöh)*; ***DK***: blå *(blou)*; ***NL***: blauw *(blau)*; ***I***: blu / azzurro; ***E***: azul *(aðúl)*; ***PL***: niebieski; ***TR***: mavi; ***SKr***: plava

Boris

die **Blue Jeans / Bluejeans** (sprich: *bluhdschiens*)

blü|hen, es blühte, aber: die Blüte

die **Blu|me**✿, die Blumen

die **Blu|se,** die Blusen

das **Blut,** bluten, blutig

die **Bö** oder: die Böe, die Böen, böiger Wind

Bob, Bobby *(aus England → Robert)*

der **Bock,** die Böcke, bockig

der **Bo|den,** die Böden

Bodo *(vermutlich: Bote – alter deutscher Name)*

der **Bo|gen,** die Bögen oder: die Bogen

die **Boh|le,** die Bohlen

die **Boh|ne,** die Bohnen

boh|nern, er bohnerte

boh|ren, sie bohrte, der Bohrer

der **Boi|ler,** die Boiler

die **Bo|je,** die Bojen

bol|zen, er bolzte

die **Bom|be,** die Bomben

der/das **Bon|bon,** die Bonbons

das **Boot,** die Boote

das **Bord,** die Borde, der Bordstein, an Bord des Schiffes

bor|gen, er borgte

Boris *(russisch: Kämpfer)*

die **Bors|te,** die Borsten, borstig

die **Bö|schung,** die Böschungen

bö|se, die Bosheit, böswillig, boshaft

der **Bo|te,** die **Botin,** die Boten, die Botschaft

der **Bot|tich,** die Bottiche

die **Bow|le,** die Bowlen (sprich: *boole*)

bo|xen, sie boxte, der Boxer

der **Brand,** die Brände

Bran|den|burg, die Brandenburger, brandenburgisch

die **Bran|dung**

bra|ten, er brät, er briet, der Braten

brau|chen, sie brauchte, der Gebrauch, der alte Brauch

brau|en, die Brauerei

> Mancher Baumwollstoff hieß in den USA: jean. Bei einer Hose denken Engländer und Amerikaner immer an deren zwei Beine. Eine Hose ist also ein Paar Hosen, und die Baumwollhose aus den USA gibt es nur in der Mehrzahl: Jeans.

Britta

braun*, bräunen
die **Brau|se,** die Brausen
brau|sen, es brauste
die **Braut,** die Bräute, der **Bräutigam**
brav
bra|vo
bre|chen, du brichst, sie brach, hat gebrochen, der Bruch
der **Brei,** breiig
breit, die Breite
Bre|men, die Bremer, bremisch
brem|sen, er bremste, die Bremse*
bren|nen, es brannte, aber: der Brand
die **Brenn|nes|sel,** die Brennnesseln
brenz|lig
die **Bre|sche,** die Breschen
das **Brett,** die Bretter
die **Bre|zel,** die Brezeln
der **Brief,** die Briefe
Brigitte, Brigitta, Britta
(die Hohe, Erhabene – Ursprung keltisch)
Franz.: **Brigitte** (bri~~sch~~itt)
Engl.: **Bridget** (brid~~sch~~et)
Dänisch: **Birgitte**
das **Bri|kett,** die Briketts

der **Bril|lant,** die Brillanten
die **Bril|le***, die Brillen
brin|gen, du bringst, sie brachte
die **Bri|se,** die Brisen, brisant
Britta *(Kurzform von → Brigitte)*
der **Bro|cken,** die Brocken, bröckeln, bröck(e)lig
bro|deln, es brodelte
der/das **Brok|ko|li/Broccoli**
die **Brom|bee|re,** die Brombeeren
die **Bron|chie,** die Bronchien
die **Bron|ze,** die Bronzezeit, die Bronzemedaille
die **Bro|sche,** die Broschen
die **Bro|schü|re,** die Broschüren
das **Brot,** die Brote
das **Bröt|chen,** die Brötchen
der **Bruch,** die Brüche, brüchig
die **Brü|cke,** die Brücken
der **Bru|der***, die Brüder, brüderlich
die **Brü|he,** verbrühen
brül|len, sie brüllte, das Gebrüll
brum|men, er brummte, der Brummer, brummig
brü|nett
Brunhild, Bruni
(Kämpferin – alter deutscher Name)

der **Brun|nen,** die Brunnen

Bruno *(brauner Bär – alter deutscher Name)*

Bruno

die **Brust,** die Brüste

bru|tal, die Brutalität

brü|ten, sie brütete, die Brut

brut|zeln, es brutzelte

der **Bu|b(e),** die Buben

das **Buch***, die Bücher

die **Bu|che,** die Buchen

die **Büch|se,** die Büchsen

der **Buch|sta|be,** die Buchstaben

die **Bucht,** die Buchten

der **Bu|ckel,** die Buckel, bucklig oder: buckelig

sich **bü|cken,** sie bückte sich

die **Bud|del,** die Buddeln

die **Bu|de,** die Buden

bü|geln, er bügelte, das Bügeleisen

die **Büh|ne,** die Bühnen

Bul|ga|ri|en, die Bulgaren, bulgarisch

der **Bul|le,** die Bullen

bum|meln, er bummelte

das **Bund** Stroh, die Bunde

der **Bund,** die Bünde, das Bündnis

das **Bün|del,** die Bündel

die **Bun|des|li|ga**

die **Bun|des|re|pu|blik**

der **Bun|ga|low,** die Bungalows

der **Bun|ker,** die Bunker

bunt, der Buntstift

die **Burg,** die Burgen

der **Bür|ge,** die Bürgen, die Bürgschaft

der **Bür|ger,** die Bürger, der Bürgermeister

das **Bü|ro,** die Büros, der Bürokrat, die Bürokratie

der **Bur|sche,** die Burschen

bürs|ten, sie bürstete, die Bürste

der **Bus***, die Busse

der **Busch,** die Büsche, das Gebüsch, das Büschel

der **Bu|sen,** die Busen

bü|ßen, er büßte, die Buße, der Büßer, das Bußgeld

die **But|ter,** die Buttermilch, das Butterbrot

Als die Normannen aus Frankreich vor 1000 Jahren England unterwarfen, brachten sie viele französische Wörter mit. So auch das Wort für *Flasche*: bouteille (sprich: *butäj*). Die Engländer sagen seitdem bottle (sprich: *bottel*). Daraus machten wir in der Umgangssprache: Buddel.

Claudia

das **Ca|fé,** die Cafés
das **Cam|ping**
die **CD** (Compact Disc), die CDs, der CD-Spieler, die CD-ROM
Cel|si|us (Zeichen: C)
der **Cent,** die Cents
der **Cham|pig|non,** die Champignons
der **Cham|pi|on** (kurz: Champ), die Champions
die **Chan|ce,** die Chancen
das **Cha|os,** chaotisch
der **Cha|rak|ter,** die Charaktere, charakteristisch
der **Chef,** die **Chefin**
die **Che|mie,** chemisch
Chi|na, die Chinesen, chinesisch
der **Chor,** die Chöre
der **Chris|tus,** der Christ, christlich
die **Chro|nik,** die Chroniken
chro|nisch
die **Ci|ty,** die Citys
der **Clown,** die Clowns
der **Club,** die Clubs
der **Co|mic,** die Comics
der **Com|pu|ter,** die Computer
der **Con|tai|ner,** die Container
cool (sprich: *kuhl*)
der **Cow|boy,** die Cowboys
die **Cre|me,** die Cremes

Cäcilia, Cäcilie *(aus der römischen Familie der Caecilier)*
Carina *(italien.: die Hübsche)*
Carla, Carola, Carolin, Caroline, Carolina (→ Karl)
Celina, Celine *(nach einem alten römischen Namen)*
Chantal *(Name einer berühmten Französin)*
Charlotte (→ Karl)
Chiara *(italien. für* → Clara*)*
Christa, Christel, Christina, Christine, Christiane
Chris, Christian *(christlicher Mensch – Ursprung römisch)*
Christoph(er) *(Christus im Herzen – Ursprung griechisch)*
Clara, Claire *(die Berühmte – Ursprung römisch)*
Claudia, Claudius, Claudio *(aus der römischen Familie der Claudier)*
Clemens, Clementine *(römisch: milder Mensch)*
Colette (→ Nicolette)
Constantin *(der Standhafte – Ursprung römisch)*
Cordula *(römisch: Herzchen)*
Corinna *(Mädchen – Ursprung griechisch)*
Cornelia *(aus der römischen Familie der Cornelier)*
Cosima *(Schönheit – Ursprung griechisch)*

Daniel

da
da|bei
das **Dach,** die Dächer
der **Dachs,** die Dachse
der **Da|ckel,** die Dackel
da|durch
da|für
da|ge|gen
da|heim
da|her
da|hin, da|hin|ter
da|mals
die **Da|me,** die Damen
Damian, Damjan *(Volk – Ursprung griechisch)*
da|mit
däm|lich
der **Damm,** die Dämme, eindämmen
die **Däm|me|rung,** dämmern, dämmrig oder: dämmerig
der **Dampf,** die Dämpfe
damp|fen, er dampfte
der **Damp|fer,** die Dampfer
da|nach
Dä|ne|mark, die Dänen, dänisch

Daniel, Danny, Daniela, Daniele, Danielle *(Mensch, der sich an Gott übergibt – Name aus der Bibel)*
dan|ken, er dankte, die Dankbarkeit, dankbar, danke* schön
dann
Daphne *(Name einer griechischen Nymphe)*
dar|an, dar|auf
dar|aus, dar|in
Darius *(der Mächtige – Ursprung griechisch)*
das **Dar|le|hen,** die Darlehen
der **Dar|ling** *(engl.: Liebling)*
der **Darm,** die Därme
dar|über
dar|um, dar|unter
das Haus
da sein, das Dasein
dass du nichts vergisst!
das|sel|be
der **Da|tiv** (3. Fall)
die **Dat|tel,** die Datteln
das **Da|tum,** die Daten
dau|ern, es dauerte, die Dauer, dauernd
der **Dau|men,** die Daumen

> Sehr liebe Menschen nennen wir „teure Freunde". Das hat mit Geld nichts zu tun. Plattdeutsch heißt *teuer*: düer. Die Engländer sagen: dear (sprich: *dier*). Es heißt beides: *teurer Preis* und *lieb*. Und ein d$_e$arling (sprich: *darling*) ist ein *Liebling*.

Denise

David *(Liebling – Name aus der Bibel)*
da|von, da|vor
da|zu
da|zwi|schen
die **DDR** (Deutsche Demokratische Republik)
die **De|bat|te,** die Debatten
Deborah, Debora *(Biene – Name aus der Bibel)*
der **De|ckel,** die Deckel
de|cken, sie deckte, die Decke, das Deck
die **De|ckung**
deh|nen, sie dehnte, die Dehnung, aber: → denen
der **Deich,** die Deiche
die **Deich|sel,** die Deichseln
dein*, **dei|net|we|gen**
de|ko|rie|ren, sie dekorierte, die Dekoration
dem (mit dem Ball)
dem|nach, dem|nächst
die **De|mo|kra|tie,** die Demokratien, die Demokraten, demokratisch
de|mon|strie|ren, sie demonstrierte, die Demonstration (kurz: Demo), die Demonstranten
die **De|mut,** demütig
den, gegen den Ball, aber: → denn
de|nen glaube ich nichts!, aber: → dehnen
den|ken, sie dachte, das Denken, denkbar
das **Denk|mal,** die Denkmale
denn, wann denn?, aber: → den
Dennis, Denis, Denise *(Gott geweihter Mensch – Ursprung griechisch)*
den|noch
der, der|ar|tig
de|ren
der|je|ni|ge, der|sel|be
des, des|halb
des|sen
des|to besser
des|we|gen
der **De|tek|tiv,** die Detektive
Detlef *(Sohn des Volkes – deutscher Name)*
deut|lich
deutsch, Deutschland*, die Deutschen

deutsch

klein:
das deutsche Volk
Sie spricht nicht deutsch.

groß:
die Deutsche Mark
auf Deutsch gesagt
Sein Deutsch ist schlecht.
Sie spricht gutes Deutsch.
Deutsches Rotes Kreuz

der **De|zem|ber**✿
der **De|zi|me|ter,** die Dezimeter
der **Di|a|lekt,** die Dialekte
Diana, Diane *(Name der römischen Jagdgöttin)*
dich
dicht
dich|ten, sie dichtete, die Dichter, die Dichtung
dick, der Dicke
die
der **Dieb,** die Diebe, der Diebstahl
die **Die|le,** die Dielen
die|nen, er diente
der **Die|ner,** die Diener
der **Dienst,** die Dienste
der **Diens|tag**✿, die Dienstage

> **Dienstag**
>
> nächsten Dienstag
> immer dienstags
> an jedem Dienstagabend
> immer dienstags abends
> immer dienstagabends
> eines Dienstagabends
> nächsten Dienstagabend
>
> Du kannst dir das nicht merken? Nicht schlimm! Die meisten Erwachsenen können das auch nicht.

dies, die|se, die|ser
die|sel|be

Dirk

der **Die|sel|mo|tor**
die|sig
dies|mal, dieses Mal
Diethelm, Dietmar, Dietlind *(im Volk berühmte Menschen – alte deutsche Namen)*
Dietrich, Dieter, Dirk, Dierk *(wichtige Männer im Volk – alte deutsche Namen)*
dik|tie|ren, sie diktierte, das Diktat
das **Ding,** die Dinge
dir
di|rekt
der **Di|rek|tor,** die **Direktorin,** die Direktoren
der **Di|ri|gent,** die Dirigenten, dirigieren
das **Dirndl** (Trachtenkleid)
die **Dis|ko|thek** (kurz: Disko), die Diskotheken
dis|ku|tie|ren, sie diskutierte, die Diskussion
die **Dis|tel,** die Disteln
di|vi|die|ren, sie dividierte
die **DM** (Deutsche Mark)
doch
der **Docht,** die Dochte
der **Dok|tor,** die **Doktorin,** die Doktoren
der **Dolch,** die Dolche
der **Dol|lar,** die Dollars
der **Dol|met|scher,** die Dolmetscher

Dorit

Dolores *(die Schmerzensreiche – spanischer Beiname der Jesusmutter Maria)*

Domenica, Dominika, Dominique, Dominic, Dominik, Domenic *(dem Herrgott gehörend – Ursprung römisch)*

das **Do|mi|no**

der **Domp|teur,** die **Dompteuse,** die Dompteure

Do|nald Duck (Comicfigur)

die **Do|nau**

der **Dö|ner** (türkisch)

der **Don|ner,** die Donner, donnern

der **Don|ners|tag***, die Donnerstage (Hast du Probleme? → Kasten Dienstag)

doof

do|pen, er ist gedopt, das Doping

dop|pelt so viel, das Doppel, verdoppeln, das Doppelte

das **Dorf,** die Dörfer, dörflich

der **Dorn,** die Dornen, dornig

Dorothea, Dora, Doris, Dorit, Dorle, Doro, Dorte, Dörte, Dortje, Dürte *(Gottesgeschenk – Ursprung griechisch)*

Spanisch: **Dorotea**

Italienisch: **Dorotea**

Französ.: **Dorothée, Dorette** *(dorett)*

Englisch: **Dorothy** *(doreði)*, **Doreen** *(dorien)*, **Dolly**

Polnisch: **Dorota**

dör|ren, sie dörrte, gedörrt

dort, dorthin

die **Do|se,** die Dosen

dö|sen, sie döste

der/das **Dot|ter,** die Dotter

der **Dra|che** (im Märchen)

der **Dra|chen,** die Drachen

der **Draht,** die Drähte, drahtig

das **Dra|ma,** die Dramen

dran

der **Drang,** das Gedränge

drän|geln, sie drängelte, die Drängelei

drän|gen, er drängte

drau|ßen

der **Dreck,** dreckig

Die Germanen nannten einen Wochentag nach ihrem Donnergott Thor. Wir sagen bis heute Donnerstag, die Niederländer donderdag *(donderdach)*, die Dänen torsdag *(torsde)*, die Engländer Thursday *(ðöhrsdi)*.

dre|hen, er drehte, die Drehung

Dries

drei, dreizehn, dreißig, dreimal

das **Drei|eck,** dreieckig

drei Vier|tel aller Leute

die **Drei|vier|tel|stun|de**

dre|schen, er drischt, er drosch

dres|sie|ren, er dressierte, die Dressur

drib|beln, er dribbelte, das Dribbling

Dries *(niederdeutsch für → Andreas)*

drin

drin|gen, sie drang, gedrungen

drin|gend

drin|nen

der **drit|te** Teil, ein Drittel

> **dritte**
>
> **klein:**
> der dritte Teil
> zu dritt
> das dritte Kind
> drittens
>
> **groß:**
> jeder Dritte
> die Dritte Welt
> Er wurde Dritter.
> Wenn zwei sich streiten, freut sich der Dritte.

die **Dro|ge,** die Drogen

die **Dro|ge|rie,** die Drogerien

dro|hen, er drohte, die Drohung, drohend

dröh|nen, es dröhnte, dröhnend

drol|lig

das **Dro|me|dar,** die Dromedare

der/das **Drops,** die Dropse

die **Drosch|ke,** die Droschken

die **Dros|sel,** die Drosseln, die Schwarzdrossel

dros|seln, sie drosselte

drü|ben

drü|ber

dru|cken, sie druckte, der Druck, die Druckerei

drü|cken, sie drückte, der Drückeberger

drum

drun|ter

die **Drü|se,** die Drüsen

der **Dschun|gel**

du

der **Dü|bel,** die Dübel

sich **du|cken,** sie duckte sich

das **Du|ell,** die Duelle

das **Du|ett,** die Duette

duf|ten, es duftete, der Duft, duftig

dul|den, er duldete

dumm, die Dummheit, der Dummkopf

Dunja

dumpf
die **Dü|ne,** die Dünen
dün|gen, sie düngte, der Dünger
Dunja *(russisch: die Hochgeschätzte – Ursprung griechisch)*
dun|kel, verdunkeln, die Dunkelheit, dunkelblau
dünn
der **Dunst,** die Dünste, dunstig
durch
durch|aus
die **Durch|blu|tung**
durch|bre|chen, der Durchbruch
durch|ein|an|der, das Durcheinander
durch|fal|len, der Durchfall
durch|füh|ren, die Durchführung, durchführbar
der **Durch|gang,** durchgehend geöffnet
durch|läs|sig
der **Durch|mes|ser**
der **Durch|schnitt,** durchschnittlich
sich **durch|set|zen**
durch|sich|tig
durch|su|chen, die Durchsuchung
durch|weg
der **Durch|zug**
dür|fen, sie darf, er durfte
dürf|tig
dürr, die Dürre
der **Durst,** dursten, durstig, durstlöschend
die **Du|sche,** die Duschen, duschen
die **Dü|se,** die Düsen, der Düsenjäger
der **Du|sel** (unverdientes Glück)
der **Dus|sel** (Dummkopf), dusselig oder: dusslig
düs|ter, dus|ter
das **Dut|zend,** Dutzende, dutzendweise
sich **du|zen**
das **Dy|na|mit**
der **Dy|na|mo,** die Dynamos, dynamisch

Namen der Schwarzdrossel (Amsel) in Europa
NL: merel; ***F***: merle *(merl)*; ***E***: mirlo; ***I***: merlo;
Kölner Mundart: Merle; ***GB***: blackbird *(bläckbörd)* = Schwarzvogel;
TR: karatavuk (= Schwarzhuhn); ***PL***: kos; ***CZ***: drozd *(drotsch)*

die **Eb|be**
die **E|be|ne,** die Ebenen, eben
e|ben|falls
e|ben|so gut
der **E|ber,** die Eber
Eberhard *(stark wie ein Eber – alter deutscher Name)*
das **E|cho,** die Echos
echt, die Echtheit
Eckart, Eckehard, Eckhart *(alter deutscher Name: Mann mit hartem Schwert)*
die **E|cke,** die Ecken, eckig
e|del, der Edelstein
Edgar *(Glück und Speer – englischer Name)*
Edith *(Glück und Kampf – englischer Name)*
Eduard *(Hüter des Glücks – Ursprung französisch)*
Französ.: **Édouard** *(eduahr)*
Englisch: **Edward** *(edwörd)*
Dänisch: **Edvard** *(eðwart)*
die **EDV** (Elektronische Datenverarbeitung)
der **E|feu**
e|gal
die **Eg|ge,** die Eggen, eggen
der **E|go|ist,** die Egoisten, der Egoismus, egoistisch
e|he ich es sah, **e|her**
die **E|he,** die Ehen
die **Eh|re,** die Ehren, ehren
das **Eh|ren|wort**
die **Ehr|furcht,** ehrfürchtig
der **Ehr|geiz,** ehrgeizig
ehr|lich, die Ehrlichkeit
das **Ei,** die Eier, eiern
die **Ei|che,** die Eichen
die **Ei|chel,** die Eicheln
das **Eich|hörn|chen,** die Eichhörnchen
der **Eid,** die Eide
die **Ei|dech|se,** die Eidechsen
der **Ei|fer,** eifrig
die **Ei|fer|sucht,** eifersüchtig
ei|gen, die Eigenschaft
ei|gen|ar|tig
ei|gen|sin|nig
ei|gent|lich
das **Ei|gen|tum,** eigentümlich
ei|len, er eilte, die Eile, eilig
der **Ei|mer,** die Eimer
ein, eine, einer
ein|an|der
der **Ein|band,** die Einbände
sich **ein|bil|den,** eingebildet, die Einbildung
ein|bre|chen, der Einbrecher, der Einbruch
ein|deu|tig
der **Ein|druck,** die Eindrücke
ei|ner|lei, das Einerlei
ein|fach, die Einfachheit
ein|fal|len, der Einfall
der **Ein|fluss,** die Einflüsse

A B C D E F G H I J K L M N O P Q R S T U V W X Y Z

Edith

die **Ein|fuhr,** die Einfuhren, einführen
der **Ein|gang,** die Eingänge
ein|ge|bil|det
ei|nig, sich einig sein
ei|ni|ge
sich **ei|ni|gen,** sie einigten sich, die Einigung
ei|ni|ger|ma|ßen
ein|kau|fen, der Einkauf
das **Ein|kom|men,** die Einkommen
ein|la|den, die Einladung
ein|mal, einmalig
das **Ein|mal|eins**
ein|rich|ten, die Einrichtung
eins✿
ein|sam, die Einsamkeit
ein|schu|len, die Einschulung
ein|se|hen, die Einsicht
ein|sei|tig
einst
ein|stim|mig
die **Ein|tracht,** einträchtig
ein|tre|ten, der Eintritt
ein|ver|stan|den, das Einverständnis
der **Ein|wand,** die Einwände, einwandfrei
der **Ein|woh|ner,** die **Einwoh-nerin,** die Einwohner
die **Ein|zahl**
ein|zeln, die Einzelheit
ein|zig, einzig und allein, einzigartig, das Einzige, was man tun kann

> **Achtung!**
>
> Einziger als einzig ist nicht möglich.
> „Einzig<u>st</u>e" gibt es deshalb nicht.
> Alles dies ist Unsinn:
> die einzig*ste* Möglichkeit,
> das einzig*ste* Kind
> die einzig*ste* Gelegenheit
> das einzig*ste* Mal …

das **Eis,** eisig, eiskalt
das **Ei|sen,** die Eisen, eisern
das **Eis|ho|ckey**
ei|tel, die Eitelkeit
der **Ei|ter,** eitern, eitrig
der **E|kel,** sich ekeln, eklig, ekelhaft

Die Eichhörnchen in Europa sind eine große Tierfamilie – aber keine Sprachfamilie. ***DK***: egern; ***NL***: eekhoorn; ***E***: ardilla; ***I***: scoiattolo; ***TR***: sincap *(ßin~~seh~~ap)*; ***PL***: wiewiórka *(wijewiórka)*; ***CZ***: veverka; ***SKr***: vjeverica *(wjeweritza)*

A B C D E F G H I J K L M N O P Q R S T U V W X Y Z

Emilia

e|las|tisch

der **E|le|fant,** die Elefanten

e|le|gant, die Eleganz

e|lek|trisch, der Elektriker, die Elektrizität

die **E|lek|tro|nik,** elektronisch

das **E|le|ment,** die Elemente

Elena, Ellen (→ Helene)

das **E|lend,** sich elend fühlen

Eleonore *(Gott ist mein Licht – Ursprung arabisch)*

elf

der **Elf|me|ter,** der Elfer

Elias *(Name eines berühmten Propheten in der Bibel)*

Elisabeth, Elsbeth, Else, Elise, Elisa, Lisa, Liesa, Elli *(Gott ist vollkommen – Name aus der Bibel)*

Englisch: **Elizabeth** *(elissebe∂)*

Italienisch: **Elisabetta**

Polnisch: **Elzbieta** *(el~~seh~~biäta)*

der **Ell|bo|gen,** die Ellbogen

Ellen (→ Helene, Eleonore)

die **El|tern**

Elvira *(spanischer Name: die Erhabene)*

die **E-Mail**

Emanuel, Emanuela *(Gott mit uns – Name aus der Bibel)*

Emil *(der Eifrige – Ursprung französisch)*

Französisch: **Émile** *(emiehl)*

Englisch: **Emily** (Frau)

Spanisch/Italienisch: **Emilio, Emilia**

Emma, Emmi (→ Irmgard)

emp|fan|gen, er empfing, der Empfang, der Empfänger

emp|feh|len, sie empfiehlt, empfahl, hat empfohlen, die Empfehlung

emp|fin|den, sie empfand, hat empfunden, die Empfindung, empfindlich

em|por, die Empore

sich **em|pö|ren,** er empörte sich, die Empörung, empört, es ist empörend

em|sig

das **En|de,** die Enden

end|gül|tig

end|lich

end|los

!!! *Steht dein Wort unter ent?*

die **E|ner|gie,** die Energien, energisch

eng, die Enge

der **En|gel**✿, die Engel

Eng|land, die Engländer, englisch → Kasten deutsch

der **En|kel,** die **Enkelin,** die Enkel

Enno *(Dahinter steckt das germanische Wort für Schwert: egin.)*

Enno

e|norm
ent|beh|ren, sie entbehrte, die Entbehrung
ent|bin|den, die Entbindung
ent|de|cken, die Entdeckung
die **En|te***, die Enten, der Enterich
ent|fer|nen, sie entfernte, die Entfernung, entfernt
ent|füh|ren, die Entführung
ent|ge|gen
ent|geg|nen, sie entgegnete
ent|glei|sen, er entgleiste
ent|hal|ten, die Enthaltung
ent|kom|men, sie entkam
ent|lang
ent|las|sen, sie entließ, die Entlassung
sich **ent|rüs|ten,** er ist entrüstet
die **Ent|schä|di|gung**
ent|schei|den, er entschied, die Entscheidung
sich **ent|schlie|ßen,** sie entschloss sich, der Entschluss
ent|schul|di|gen, er entschuldigte, die Entschuldigung
sich **ent|set|zen,** sie entsetzte sich, das Entsetzen, entsetzlich
ent|ste|hen, die Entstehung
ent|täu|schen, die Enttäuschung, enttäuscht
ent|we|der
ent|wer|fen, sie entwirft, er entwarf, der Entwurf
ent|wi|ckeln, die Entwicklung
ent|zü|ckend
ent|zün|den, die Entzündung
ent|zwei
er*
sich **er|bar|men,** er erbarmte sich, das Erbarmen, erbärmlich
der **Er|be,** die **Erbin,** die Erben

D: Engel; ***NL***: engel; ***DK***: engel; ***GB***: angel *(äin~~seh~~el)*; ***F***: ange *(~~ahnseh~~)*; ***E***: angel *(anchel)*; ***I***: angelo *(ánd~~seh~~elo)*; ***PL***: anioł *(aniou)*; ***Skr***: ándjeo *(ándscho)*. Ursprung ist das alte griechische Wort für *Gottesbote*. Das spricht man heute so: *ángelos*.

er|ben, sie erbte, das Erbe, die Erbschaft

Erica

er|beu|ten, sie erbeutete

er|bost sein

die **Erb|se,** die Erbsen

der **Erd|ap|fel,** die Erdäpfel

das **Erd|be|ben,** die Erdbeben

die **Erd|bee|re,** die Erdbeeren

die **Erd|bir|ne,** die Erdbirnen

die **Er|de,** das Erdgeschoss

das **Erd|gas**

die **Erd|nuss,** die Erdnüsse

das **Erd|öl**

sich **er|eig|nen,** es ereignete sich, das Ereignis

er|fah|ren, sie erfuhr, die Erfahrung

er|fin|den, sie erfand, hat erfunden, die Erfindung

der **Er|folg,** die Erfolge, erfolgreich, erfolglos

er|for|der|lich

er|for|schen, sie erforschte, die Erforschung

sich **er|freu|en,** erfreulich

er|frie|ren, er erfror, die Erfrierung

er|fri|schen, die Erfrischung, erfrischend

er|fül|len, die Erfüllung

er|gän|zen, die Ergänzung

er|ge|ben, das Ergebnis

er|gie|big

er|grei|fen, sie ergriff

er|hal|ten, die Erhaltung, erhältlich

Erhard, Erhart *(alter deutscher Name: Ehre + hart)*

er|he|ben, die Erhebung, erheblich

er|ho|len, die Erholung, erholsam

Erich, Eric, Erik, Erica, Erika *(mächtiger Mensch – Ursprung skandinavisch)*

sich **er|in|nern,** sie erinnerte sich, die Erinnerung

sich **er|käl|ten,** sie erkältete sich, die Erkältung

der **Er|ker,** die Erker

er|klä|ren, er erklärte, die Erklärung

er|kran|ken, er erkrankte, die Erkrankung

sich **er|kun|di|gen,** sie erkundigte sich, die Erkundigung

er|lau|ben, sie erlaubte, die Erlaubnis

er|läu|tern, sie erläuterte, die Erläuterung

die **Er|le,** die Erlen

er|le|ben, das Erlebnis

er|le|di|gen, sie erledigte, die Erledigung

er|lö|sen, die Erlösung

Ernst

er|mah|nen, die Ermahnung
er|mä|ßi|gen, die Ermäßigung
er|mit|teln, sie ermittelt, die Ermittlung
Erna, Ernst *(alter deutscher Name: ernster, besonnener Mensch)*
er|näh|ren, die Ernährung
ernst, ernsthaft

> ernst
>
> **klein:**
> Er nimmt es ernst.
> Die Lage wird ernst.
> Es ist mir ernst.
>
> **groß:**
> Es ist mein Ernst.
> Sie sagt das im Ernst.
> Er will es allen Ernstes.

ern|ten, sie erntete, die Ernte
er|o|bern, sie eroberte, die Eroberung
er|öff|nen, er eröffnete, die Eröffnung
er|ör|tern, sie erörterte, die Erörterung
die **E|ro|si|on**
die **E|ro|tik,** erotisch
er|picht sein auf etwas
er|pres|sen, die Erpressung, der Erpresser
er|qui|cken, erquickend, erquicklich
er|ra|ten, sie erriet
er|re|gen, die Erregung, der Erreger
er|rei|chen
er|ret|ten, die Errettung, der Erretter
er|rich|ten, die Errichtung
er|rin|gen, sie errang, hat errungen
er|schau|dern, sie erschauderte
er|schei|nen, es erschien, die Erscheinung
er|schlie|ßen, die Erschließung
er|schöp|fen, erschöpft, die Erschöpfung
er|schre|cken, sie erschrickt, er erschrak, er ist erschrocken, denn er wurde erschreckt, es ist erschreckend

> **Die Erbse in verschiedenen Mundarten**
>
> ***Holstein und Hamburg:*** Art, Arft; ***Münsterland, Ostwestfalen, Bochum:*** Iärfte; ***Lipperland:*** Iarfte, Erfte; ***Schwaben:*** Erbis, Erbes, Erwes; ***Bergisches Land:*** Eäze; ***NL:*** erwt *(ert)*; ***DK:*** ært

A B C D E F G H I J K L M N O P Q R S T U V W X Y Z

Esther

er|schüt|tern, sie erschütterte, erschüttert
er|set|zen, er ersetzte, der Ersatz, das Ersatzteil
er|spa|ren, die Ersparnis
erst, erst heute, nun erst recht

> erste
>
> **klein:**
> die ersten beiden
> die erste Hilfe
>
> **groß:**
> als Erster im Ziel
> als Erster kommen
> das Erste, was ich höre
> die Erste Vorsitzende

er|stau|nen, erstaunt
ers|tens
er|sti|cken, sie erstickte
erst|klas|sig
er|tap|pen, sie ertappte
er|trin|ken, er ertrank, ist ertrunken
er|wach|sen, der Erwachsene
er|wäh|nen, sie erwähnte, die Erwähnung
er|war|ten, die Erwartung
er|wer|ben, sie erwarb, hat erworben
er|wi|dern, sie erwiderte, die Erwiderung
Erwin *(alter deutscher Name: Heer + Freund)*
das **Erz,** die Erze
er|zäh|len, sie erzählte, die Erzählung
er|zeu|gen, das Erzeugnis
er|zie|hen, sie erzog, die Erziehung
es*
die **E|sche,** die Eschen
der **E|sel,** die Esel
der **Es|ki|mo,** die Eskimos
es|sen, er isst, er aß, gegessen, das Essen, essbar
der **Es|sig**
Esther *(Stern – Name aus der Bibel, Ursprung persisch)*
die **E|ta|ge,** die Etagen
das **E|ti|kett,** die Etiketten
et|li|che
das **E|tui,** die Etuis
et|wa
et|was, etwas Gutes tun, etwas Wichtiges fragen

So ruft der Esel in Europa

Deutschland, Dänemark und Niederlande: i-a; *England*: hee-haw (hiehå); *Italien*: ihoh-ihoh; *Polen*: i-o; *Frankreich*: hi-hau; *Türkei*: a-i

Fabian

euch, eu|er
Eugen *(der Wohlgeborene – Ursprung griechisch)*
die **Eu|le,** die Eulen
der **Eu|ro,** die Euros, 3 €
Eu|ro|pa, die Europäer, europäisch
Eva, Eve, Evi, Evelyn *(das Leben – in der Bibel die erste Frau auf Erden)*
Französ.: **Ève** *(ähw)*
Englisch: **Eve** *(iew)*
Spanisch: **Eva**
e|van|ge|lisch
das **E|van|ge|li|um,** die Evangelien
Ewald *(alter deutscher Name: Gesetz + herrschen)*
e|wig, die Ewigkeit
e|xakt
das **E|xem|plar,** die Exemplare
e|xis|tie|ren, es existierte, die Existenz
die **Ex|pe|di|ti|on,** die Expeditionen
das **Ex|pe|ri|ment,** die Experimente, experimentieren
ex|plo|die|ren, es explodierte, die Explosion
ex|tra

die **Fa|bel,** die Fabeln
fa|bel|haft
Fabian, Fabio, Fabienne *(aus der römischen Familie der Fabier)*
die **Fa|brik,** die Fabriken, der Fabrikant
fa|bri|zie|ren, er fabrizierte
das **Fach,** die Fächer
der **Fach|ar|bei|ter,** die Facharbeiter
fä|cheln, er fächelte, der Fächer
der **Fach|mann,** fachmännisch, die **Fachfrau,** die Fachleute
das **Fach|werk**
die **Fa|ckel,** die Fackeln
fad, fade
der **Fa|den,** die Fäden, einfädeln
fä|hig, die Fähigkeit
fahn|den, sie fahndete, die Fahndung
die **Fah|ne,** die Fahnen
die **Fahr|bahn,** die Fahrbahnen
die **Fäh|re,** die Fähren
fah|ren, sie fährt, sie fuhr
der **Fah|rer,** die **Fahrerin,** die Fahrer
die **Fahr|kar|te,** die Fahrkarten
fahr|läs|sig
das **Fahr|rad**, die Fahrräder

A B C D E F G H I J K L M N O P Q R S T U V W X Y Z

Falko

die **Fahrt,** die Fahrten
die **Fähr|te,** die Fährten
der **Fahr|ten|schwim|mer**
das **Fahr|zeug,** die Fahrzeuge
fair, unfair, die Fairness, das Fairplay
Falko, Falk *(Falke – alter deutscher Name)*
der **Fall,** die Fälle, der Fallschirm

> **Fall**
>
> **getrennt und groß:**
> auf jeden Fall
> für den Fall, dass …
> von Fall zu Fall
>
> **klein und zusammen:**
> anderenfalls
> bestenfalls
> jedenfalls
> keinesfalls
> notfalls

die **Fal|le,** die Fallen
fal|len, sie fiel
fäl|len, er fällte
fäl|lig
falls
falsch✿
fäl|schen, der Fälscher, die Fälschung
die **Fal|te,** die Falten, falten, faltig
der **Fal|ter,** die Falter
die **Fa|mi|lie,** die Familien
fan|gen, sie fing, der Fang, der Fänger
Fanni (→ Stefanie)
die **Fan|ta|sie,** die Fantasien, fantastisch
die **Far|be,** die Farben, färben, farbig
die **Farm,** die Farmen
der **Farn,** die Farne
der **Fa|san,** die Fasane
der **Fa|sching**
fa|seln, er faselte
die **Fa|ser,** die Fasern
die **Fas|net**
das **Fass,** die Fässer
die **Fas|sa|de,** die Fassaden
fas|sen, sie fasste
sie **fasst** (Grundform: fassen)
die **Fas|sung,** die Fassungen
fast (beinahe)
fas|ten, er fastete

> Das Fußballspiel haben Engländer erfunden: Viele Fachausdrücke haben wir eingedeutscht, z. B. aus für out, Halbzeit für halftime. Aber das englische Wort fair *(anständig, sportlich sauber)* gilt unverändert – sogar in der ganzen Welt.

Felizitas

die **Fast|nacht**
Fatima *(arabischer Name – so hieß die Tochter des Propheten Mohammed)*
fau|chen, sie fauchte
faul, verfaulen
faul, faulenzen, die Faulheit, der Faulpelz
die **Faust,** die Fäuste
der **Fa|vo|rit,** die Favoriten
die **Fa|xen** (Grimassen)
das **Fax|ge|rät** (kurz: Fax), faxen
der **Fe|bru|ar***
die **Fe|der,** die Federn
fe|gen, sie fegte
feh|len, es fehlte
der **Feh|ler,** die Fehler
fei|ern, sie feierte, feierlich, die Feier, der Feierabend
fei|ge, der Feigling, die Feigheit
die **Fei|ge,** die Feigen
fein
der **Feind,** die Feinde, die Feindschaft, feindlich
das **Feld,** die Felder
die **Fel|ge,** die Felgen, die Felgenbremse
Felix, Felizitas, Felizia, Felice *(glücklicher Mensch – Ursprung römisch)*

das **Fell,** die Felle
der **Fels** oder: der Felsen, die Felsen, felsig
das **Fens|ter,** die Fenster
Ferdinand, Ferdi, Ferdl *(kühner Schützer – Ursprung spanisch)*
Spanisch: **Fernando**
Italienisch: **Ferdinando**
Französ.: **Ferrand** (ferr~~an~~)
die **Fe|ri|en**
das **Fer|kel,** die Ferkel
fern, die Ferne
fern|se|hen, er sah fern, das Fernsehen, der Fernseher
die **Fer|se,** die Fersen
fer|tig, fertig bekommen
die **Fes|sel,** die Fesseln
fest
das **Fest,** die Feste, festlich
fest|stel|len, die Feststellung
das **Fett,** die Fette, fettig
fett, etwas ist fett
der **Fet|zen,** die Fetzen
feucht, die Feuchtigkeit
der **Feu|del,** die Feudel
das **Feu|er,** die Feuer, feurig
die **Feu|er|wehr,** die Feuerwehren
das **Feu|er|werk**
das **Fi|as|ko,** die Fiaskos
die **Fi|bel,** die Fibeln

Florian

die **Fich|te,** die Fichten
das **Fie|ber,** fiebern, fiebrig, das Fieberthermometer
ich **fiel** (Grundform: fallen)
die **Fi|gur,** die Figuren
der **Film,** die Filme, filmen, der Filmstar
der **Fil|ter,** die Filter, filtern
der **Filz,** die Filze, der Filzschreiber, der Filzstift
die **Fi|nan|zen,** das Finanzamt, der Finanzminister
fin|den, sie fand, hat gefunden, der Finder, der Fund
der **Fin|ger,** die Finger
der **Fink,** die Finken
Finn, Fynn *(ein Finne oder: irischer Sagenheld)*
Finn|land, die Finnen, finnisch
fins|ter, die Finsternis
die **Fir|ma,** die Firmen
die **Fir|mung,** firmen
der **Fisch,** die Fische, fischen, der Fischer
fit, die Fitness
fix
flach, die Fläche, das Flachland
fla|ckern, es flackerte

die **Flag|ge,** die Flaggen
die **Flam|me,** die Flammen, flammen, entflammt
die **Fla|sche***, die Flaschen
flat|tern, er flatterte
flau
der **Flaum,** die Flaumfeder
die **Flau|te,** die Flauten
flech|ten, er flicht, hat geflochten, die Flechte
der **Fleck,** die Flecken, fleckig
die **Fle|der|maus,** die Fledermäuse
der **Fle|gel,** die Flegel
fle|hen, er flehte
das **Fleisch,** fleischig, der Fleischer
der **Fleiß,** fleißig
flen|nen, er flennte
flet|schen, er fletschte
fli|cken, sie flickte, der Flicken
der **Flie|der**
die **Flie|ge,** die Fliegen
flie|gen, sie flog
flie|hen, er floh, die Flucht
die **Flie|se,** die Fliesen
flie|ßen, es floss
flim|mern, es flimmerte, das Flimmern
flink
die **Flin|te,** die Flinten
flit|zen, sie flitzte, der Flitzer

die **Flo|cke,** die Flocken, flockig
der **Floh,** die Flöhe

Florence

Flora, Florence
(Blume – Ursprung römisch)
Florian, Florentine
(prächtiger Mensch – Ursprung römisch)
das **Floß,** die Flöße
die **Flos|se,** die Flossen
die **Flö|te,** die Flöten
flott
flu|chen, er fluchte, der Fluch
die **Flucht,** flüchten, der Flüchtling
flüch|tig, die Flüchtigkeit, der Flüchtigkeitsfehler
der **Flug,** die Flüge
der **Flü|gel,** die Flügel, flügge
das **Flug|zeug,** die Flugzeuge
flun|kern, er flunkerte
der **Flur** (Hausflur), die Flure
die **Flur** (Feldflur), die Fluren
der **Fluss,** die Flüsse
flüs|sig, die Flüssigkeit
flüs|tern, sie flüsterte
die **Flut,** die Fluten
das **Foh|len,** die Fohlen
der **Föhn,** föhnen
fol|gen, sie folgte, die Folge
die **Fo|lie,** die Folien
fol|tern, er folterte
for|dern, er forderte, die Forderung
för|dern, sie förderte, die Förderung, der Förderunterricht
die **Fo|rel|le,** die Forellen
die **Form,** die Formen, formen
das **For|mu|lar,** die Formulare
for|schen, er forschte, die Forscherin
der **Forst,** die Forsten, der Förster
fort
fort|fah|ren
der **Fort|schritt,** die Fortschritte, fortschrittlich
fort|set|zen, sie setzte fort, die Fortsetzung
das **Fo|to,** die Fotos
der **Fo|to|graf,** die **Fotografin**
fo|to|gra|fie|ren, sie fotografierte, die Fotografie
foul spielen, das Foul

Wer im Spiel gegen die Regeln der Fairness verstößt, spielt foul (*faul*). Das englische Wort bedeutet *schmutzig, hässlich.*
Es ist verwandt mit unserem Wort faul.
(Das ist leicht zu merken: Wer absichtlich foul spielt, mit dem ist etwas faul.)

Franz

die **Fracht,** die Frachten, der Frachter

fra|gen, sie fragte, die Frage

frag|lich, frag|wür|dig

die **Frak|ti|on,** die Fraktionen

Frank, Franc, Franka *(aus dem Volk der Franken – alter deutscher Name)*

das **Fran|ken|land**

fran|kie|ren, sie frankierte

Frank|reich, die Franzosen, französisch

die **Fran|se,** die Fransen

Franz, Franziska, Franzi *(Mensch, der gut Französisch spricht – Name eines berühmten Heiligen)*

	Männer	Frauen
I:	**Francesco,**	**Francesca**
	(frantschesko …)	
GB:	**Francis,**	**Frances**
	(fränßis,	*fränßes)*
F:	**François,**	**Françoise**
	(fr~~an~~ßoa,	*fr~~an~~ßoas)*
DK,NL:	**Frans**	
PL:	**Franćiszek**	
	(frantschischek)	

die **Frä|se,** die Fräsen, fräsen

die **Frat|ze,** die Fratzen

die **Frau**✿, die Frauen

Frauke *(niederdeutsch: kleine Frau)*

frech, die Frechheit, der Frechdachs

Fred (→ Alfred, Manfred)

Freddy *(englische Kurzform von* → Alfred *und* → Friedrich*)*

die **Fre|gat|te,** die Fregatten

frei, die Freiheit

> frei
>
> **klein:**
> freies Geleit zusichern
> freie Fahrt
>
> **groß:**
> ins Freie gehen
> die Spiele im Freien
> Sender Freies Berlin (SFB)

frei|lich

der **Frei|tag**✿, die Freitage (Hast du Probleme? → Kasten Dienstag)

frei|wil|lig

die **Frei|zeit,** die Freizeiten

fremd, die Fremden, die Fremde

fres|sen, du frisst, sie fraß

sich **freu|en,** sie freute sich, die Freude, freudig

der **Freund,** die **Freundin,** die Freunde, die Freundinnen

freund|lich

die **Freund|schaft,** freundschaftlich

der **Frie|den** oder: der Friede

fried|lich

Fritzi

Europäische Friede-Namen

In den Namen auf dieser Seite steckt das germanische Wort für Friede. Die Namen bedeuten u. a.: friedlicher Mensch, Friedensherrscher, großer Friedensheld, Friedenskämpfer, Beschützer vor Krieg.

Männernamen:

Friedrich, Fritz, Fried, Friedo, Frederik, Fredrik, Fredrick, Frerk, Frerich, Friedel, Fridolin, Friedbert, Friedemann, Friedemar, Frieder, Friedewald, Friedhelm, Freddy

Italienisch: **Federico**

Spanisch: **Federigo**

Französisch: **Frédéric**

Englisch: **Frederic**

Frauennamen:

Friedeburg, Friederike, Frederike, Friedlieb, Friedrun, Fricka, Friedegund, Fredegund, Frieda, Frida, Friedrun, Friedel, Friedelind, Fritzi

frie|ren, sie fror
die **Fri|ka|del|le,** die Frikadellen
frisch, die Frische
fri|sie|ren, er frisierte
der **Fri|sör / Fri|seur,** die Frisöre
die **Fri|sö|rin / Fri|seu|rin,** die Frisörinnen
sie **frisst** (Grundform: fressen)
die **Frist,** die Fristen, fristlos
die **Fri|sur,** die Frisuren
froh✿
fröh|lich, die Fröhlichkeit
fromm, die Frömmigkeit
Fron|leich|nam
die **Front,** die Fronten
fron|tal
der **Frosch,** die Frösche
der **Frosch|laich**
der **Frost,** die Fröste, frostig
frös|teln, sie fröstelte
das **Frot|tee|hand|tuch**
frot|tie|ren, er frottierte
frot|zeln, sie frotzelte
die **Frucht,** die Früchte
frucht|bar
früh, früher, frühestens
der **Früh|ling**✿, das Frühjahr

D: Eine Schwalbe macht noch keinen Sommer. **F:** Une hirondelle ne fait pas le printemps. *(ühn irondell ne fä pa le präntan)* **GB:** One swallow does not make a summer. *(oan ßwållou das not mäik e ßammer)* **I:** Una rondine non fa primavera.

A B C D E F G H I J K L M N O P Q R S T U V W X Y Z

Fynn

das **Früh|stück***, frühstücken
frus|triert, der Frust
der **Fuchs,** die Füchse
der **Fuchs|schwanz**
das **Fu|der,** die Fuder
die **Fu|ge,** die Fugen
sich **fü|gen,** er fügte sich
füh|len, er fühlte, der Fühler
füh|ren, sie führte
der **Füh|rer,** die **Führerin,** die Führer
der **Füh|rer|schein**
die **Füh|rung,** die Führungen
das **Fuhr|werk,** die Fuhrwerke
fül|len, sie füllte, die Füllung
der **Fül|ler,** die Füller
fum|meln, er fummelte, die Fummelei
der **Fund,** die Funde, das Fundbüro
das **Fun|da|ment,** die Fundamente
fünf* (Hast du Probleme? → Kästen acht, dritte)
fünf|mal

ein **Fünf|tel**
fünf|zehn, fünf|zig
der **Funk,** funken, der Funker
der **Fun|ke,** die Funken
fun|keln, es funkelte
funk|ti|o|nie|ren, es funktionierte
für
die **Fur|che,** die Furchen
furcht|bar
fürch|ten, sie fürchtete, die Furcht
fürch|ter|lich
für|ein|an|der
das **Fur|nier,** die Furniere, furniert
der **Fürst,** die Fürsten, fürstlich
die **Furt,** die Furten
der/das **Fu|run|kel,** die Furunkel
der **Fuß***, die Füße, zu Fuß
der **Fuß|ball***, die Fußbälle
der **Fuß|gän|ger,** die **Fußgängerin,** die Fußgänger
futsch
das **Fut|ter,** füttern, die Fütterung
Fynn (→ Finn)

> Unser Wort Frühstück bedeutet: <u>Früh</u> gegessenes <u>Stück</u> Brot. Die Engländer sagen: breakfast *(breckfeß)*. Break heißt *abbrechen*, fast heißt *fasten*. (Wer schläft, muss zwangsläufig fasten. Das wird morgens durch Essen abgebrochen.)

die **Ga|be,** die Gaben

Gabriele

die **Ga|bel,** die Gabeln

Gabriel, Gabriele, Gabriela, Gabi, Gaby *(Mensch Gottes – Name aus der Bibel)*

ga|ckern, es gackerte

gaf|fen, er gaffte

gäh|nen, sie gähnte

die **Gal|le**

der **Ga|lopp,** galoppieren

der **Gang,** die Gänge

die **Gans,** die Gänse

ganz, gänzlich

> ganz
>
> **groß**
> das Ganze
> als Ganzes
> im großen Ganzen
> im Großen und Ganzen
> Er geht aufs Ganze.
> Es geht ums Ganze.

gar gekocht

die **Ga|ra|ge,** die Garagen

die **Ga|ran|tie,** die Garantien

ga|ran|tie|ren, sie garantierte

die **Gar|de|ro|be,** die Garderoben

die **Gar|di|ne,** die Gardinen

gä|ren, es gärte, gegoren, die Gärung

gar kein

das **Garn,** die Garne

gar nicht

gar|nie|ren, er garnierte, die Garnierung

die **Gar|ni|son,** die Garnisonen

die **Gar|ni|tur,** die Garnituren

gars|tig

der **Gar|ten,** die Gärten

der **Gärt|ner,** die **Gärtnerin,** die Gärtner

die **Gärt|ne|rei,** die Gärtnereien

das **Gas,** die Gase

die **Gas|se,** die Gassen

der **Gast,** die Gäste

das **Gast|haus,** die Gasthäuser, die Gaststätte

gast|lich

der **Gat|te,** die Gatten

das **Gat|ter,** die Gatter

die **Gat|tin,** die Gattinnen

der **Gauk|ler,** die Gaukler

der **Gaul,** die Gäule

der **Gau|men,** die Gaumen

der **Gau|ner,** die Gauner

das **Ge|bäck**

die **Ge|bär|de,** die Gebärden

ge|bä|ren, sie gebar, hat geboren

das **Ge|bäu|de,** die Gebäude

ge|ben, sie gibt, sie gab, gib her!

das **Ge|bet,** die Gebete
Gebhard(t) *(alter deutscher Name: Gabe + hart)*

Gebhard

das **Ge|biet,** die Gebiete
ge|bie|ten, sie gebot
der **Ge|bie|ter,** die **Gebieterin,** die Gebieter
ge|bil|det sein
das **Ge|bir|ge,** die Gebirge, gebirgig
das **Ge|biss,** die Gebisse
ge|bo|ren
das **Ge|bot,** die Gebote
ge|brau|chen, der Gebrauch, die Gebrauchsanweisung
das **Ge|bre|chen,** die Gebrechen
das **Ge|brüll**
die **Ge|bühr,** die Gebühren
die **Ge|burt,** die Geburten, der Geburtstag✿
das **Ge|büsch,** die Gebüsche

das **Ge|dächt|nis**
der **Ge|dan|ke,** die Gedanken
das **Ge|deck,** die Gedecke
ge|dei|hen, es gedieh
ge|den|ken, er gedachte, das Gedenken
das **Ge|dicht,** die Gedichte
das **Ge|drän|ge**
die **Ge|duld,** geduldig
ge|eig|net
die **Ge|fahr,** die Gefahren, gefährlich
das **Ge|fäl|le,** die Gefälle
ge|fal|len, es gefiel ihr
die **Ge|fäl|lig|keit,** die Gefälligkeiten
lass **ge|fäl|ligst** den Unsinn!
das **Ge|fäng|nis,** die Gefängnisse
das **Ge|fäß,** die Gefäße
das **Ge|fie|der**
das **Ge|flü|gel**
ge|frä|ßig
das **Ge|fühl,** die Gefühle
ge|gen, ge|gen|ein|an|der

Zum Geburtstag:

I: Buon compleanno!; ***GB:*** Happy birthday! *(häppi börðdäi)*; ***F:*** Joyeux anniversaire! *(~~seh~~oajöh anniwerßähr)*; ***DK:*** Tillykke med fødselsdagen! *(tillügge með föðelsdäin)*; ***NL:*** Hartelijk gefeliciteerd! *(hartelik chefeliziteert)*; ***GR:*** (sprich:) *chrónia polá*; ***PL:*** Serdeczne zyczenia! *(ßerdetschne ~~seh~~itschénia)*; ***E:*** ¡Cumpleaños feliz! *(kumpleanjos felið)*; ***SKr:*** Sretan rodendan! *(sretan rod~~seh~~endan)*; ***TR:*** Doğum gününüz kutlu olsun! *(dooum gününüs kutlu olßun)*; ***CZ:*** K narozeninám! *(knarosenjinam)*

Geli

die **Ge|gend,** die Gegenden
der **Ge|gen|satz,** die Gegensätze
ge|gen|sei|tig
der **Ge|gen|stand,** die Gegenstände
das **Ge|gen|teil**
ge|gen|über
die **Ge|gen|wart**
der **Geg|ner,** die Gegner
das **Ge|halt,** die Gehälter (verdientes Geld)
der **Ge|halt** (Inhalt, Wert)
ge|häs|sig, die Gehässigkeit
das **Ge|häu|se,** die Gehäuse
das **Ge|he|ge,** die Gehege
ge|heim
das **Ge|heim|nis,** die Geheimnisse
ge|hen, sie ging, ist gegangen
ge|heu|er, nicht geheuer
der **Ge|hil|fe,** die Gehilfen
das **Ge|hirn,** die Gehirne, die Gehirnerschütterung
das **Ge|hölz**
das **Ge|hör**
ge|hor|chen, er gehorchte
ge|hö|ren, es gehörte ihr
ge|hö|rig
der **Ge|hor|sam,** gehorsam sein

der **Gei|er,** die Geier
die **Gei|ge,** die Geigen
geil
die **Gei|sel,** die Geiseln, die Geiselnahme
die **Geiß,** die Geißen
der **Geist,** die Geister, geistig, geistlich
der **Geist|li|che,** die Geistlichen
gei|zig, der Geiz, der Geizhals
das **Ge|läch|ter**
ge|lähmt
das **Ge|län|de**
das **Ge|län|der,** die Geländer
ge|launt, gut gelaunt
gelb *(Hast du Probleme? → Kasten blau)*
das **Geld,** die Gelder
der/das **Ge|lee,** die Gelees
die **Ge|le|gen|heit,** die Gelegenheiten
ge|le|gent|lich
ge|lehrt, der Gelehrte, gelehrig
das **Ge|lei|se** (auch: das Gleis), die Geleise
das **Ge|lenk,** die Gelenke, gelenkig
Geli (→ Angelika)
ge|lin|gen, es gelang, ist gelungen
gel|lend laut

gel|ten, es gilt, es galt, hat gegolten
ge|mäch|lich
der **Ge|mahl,** die **Gemahlin**
das **Ge|mäl|de,** die Gemälde
ge|mäß
ge|mein, die Gemeinheit
die **Ge|mein|de,** die Gemeinden
ge|mein|sam
die **Ge|mein|schaft,** die Gemeinschaften
das **Ge|mü|se**
das **Ge|müt,** die Gemüter
ge|müt|lich, die Gemütlichkeit
ge|nau, die Genauigkeit
ge|nau|so
ge|neh|mi|gen, sie genehmigte, die Genehmigung
der **Ge|ne|ral,** die Generäle
die **Ge|ne|ra|ti|on,** die Generationen
ge|ni|al
das **Ge|nick**
ge|nie|ßen, er genoss
der **Ge|ni|tiv** (2. Fall)
der **Ge|nos|se,** die Genossen
die **Ge|nos|sen|schaft,** die Genossenschaften
ge|nug
ge|nü|gen, es genügte, es ist genügend
der **Ge|nuss,** die Genüsse
die **Ge|o|gra|fie/Geographie**
die **Ge|o|me|trie**
Georg *(Bauer – Ursprung griechisch)*
Engl.: **George** *(d~~sch~~ortsch)*
Franz.: **Georges** *(~~sch~~or~~sch~~)*
Griech.: **Georgios** *(jorjos)*
Polnisch: **Grzegorz** *(g~~sch~~egosch)*
Frauennamen: **Georgia, Giorgia, Giorgina**
das **Ge|päck**
ge|ra|de
ge|ra|de|aus*, **ge|ra|de|zu**
Gerald *(alter deutscher Name: Speer + herrschen)*
das **Ge|rät,** die Geräte
ge|ra|ten, es geriet
aufs **Ge|ra|te|wohl**
ge|räu|mig
das **Ge|räusch,** die Geräusche
Gerda *(die Schützerin – Ursprung isländisch)*
ge|recht, die Gerechtigkeit
Gerhard, Gerd, Gert, Gerard, Gerrit *(alter deutscher Name: Speer + hart)*
Gerhild *(alter deutscher Name: Speer + Kampf)*
das **Ge|richt,** die Gerichte
ge|ring, am geringsten

ge|rin|nen, es gerann, ist geronnen

Gesine

das **Ge|rip|pe,** die Gerippe

ge|ris|sen

Gerlind, Gerlinde *(alter deutscher Name: Speer + Schild)*

der **Ger|ma|ne,** die Germanen, Germanien, germanisch

gern

Gernot *(alter deutscher Name: Speer + Gefahr)*

Gerold (→ Gerald)

das **Ge|röll**

die **Gers|te**

Gertraud, Gertrud, Gerta, Gesina, Gesine, Gesa *(alter deutscher Name: Speer + Kraft)*

der **Ge|ruch,** die Gerüche

das **Ge|rücht,** die Gerüchte

das **Ge|rüm|pel**

das **Ge|rüst,** die Gerüste

ge|samt

der **Ge|sang,** die Gesänge

das **Ge|schäft,** die Geschäfte, geschäftlich

ge|sche|hen, es geschieht, es geschah

ge|scheit

das **Ge|schenk***, die Geschenke

die **Ge|schich|te,** die Geschichten

ge|schickt, das Geschick, die Geschicklichkeit

das **Ge|schirr**

das **Ge|schlecht,** die Geschlechter

der **Ge|schmack,** geschmacklos

das **Ge|schöpf,** die Geschöpfe

das **Ge|schoss,** die Geschosse

das **Ge|schrei**

das **Ge|schütz,** die Geschütze

das **Ge|schwätz,** geschwätzig

ge|schwind, die Geschwindigkeit

die **Ge|schwis|ter**

ge|schwol|len

das **Ge|schwür,** die Geschwüre

der **Ge|sel|le,** die Gesellen

ge|sel|lig, die Geselligkeit

> **Erdkunde in Europa**: *DK:* geografi; *I, E, PL:* geografia; *TR:* coğrafya; *GB:* geography; *F:* géographie; *D:* Geografie.
> Dahinter steckt das alte griechische Wort für Erdbeschreibung.
> Heute spricht man es im Griechischen so: *jeografía.*

Giulio

die **Ge|sell|schaft,** die Gesellschaften
das **Ge|setz,** die Gesetze, gesetzlich
das **Ge|sicht**✿, die Gesichter
das **Ge|spann,** die Gespanne
das **Ge|spenst,** die Gespenster
das **Ge|spräch,** die Gespräche, gesprächig
die **Ge|stalt,** die Gestalten
ge|stal|ten, sie gestaltete, die Gestaltung
das **Ge|ständ|nis,** die Geständnisse
der **Ge|stank**
ge|stat|ten, sie gestattete
ge|ste|hen, er gestand
das **Ge|stein,** die Gesteine
das **Ge|stell,** die Gestelle
ges|tern
ge|streift
das **Ge|strüpp**
ge|sund, die Gesundheit
das **Ge|tö|se**
das **Ge|tränk,** die Getränke
das **Ge|trei|de**
das **Ge|wächs,** die Gewächse
ge|wäh|ren, sie gewährte
die **Ge|walt,** die Gewalten, gewaltig
das **Ge|wand,** die Gewänder
ge|wandt sein
das **Ge|wäs|ser,** die Gewässer

das **Ge|we|be,** die Gewebe, gewebt
das **Ge|wehr,** die Gewehre
das **Ge|weih,** die Geweihe
das **Ge|wer|be,** die Gewerbe
die **Ge|werk|schaft,** die Gewerkschaften
ge|we|sen (Grundform: sein)
das **Ge|wicht,** die Gewichte
das **Ge|wim|mel**
das **Ge|win|de,** die Gewinde
ge|win|nen, sie gewann, gewonnen, der Gewinner
das **Ge|wirr**
ge|wiss, die Gewissheit
das **Ge|wis|sen,** die Gewissen, gewissenhaft, gewissenlos
ge|wis|ser|ma|ßen
die **Ge|wiss|heit**
das **Ge|wit|ter,** die Gewitter, gewittrig
ge|witzt
ge|wöh|nen, er gewöhnte, die Gewöhnung
die **Ge|wohn|heit,** die Gewohnheiten
ge|wöhn|lich
ge|wohnt, ge|wöhnt
das **Ge|wöl|be,** die Gewölbe, gewölbt
das **Ge|wühl**
das **Ge|würz,** die Gewürze, gewürzt
die **Ge|zei|ten** (Ebbe und Flut)

Giulia

der **Gie|bel,** die Giebel
die **Gier,** gierig
gie|ßen, sie goss, der Guss
das **Gift,** die Gifte, giftig
Gina (→ Regina)
der **Gins|ter**
der **Gip|fel,** die Gipfel
der **Gips,** gipsen
die **Gi|raf|fe,** die Giraffen
die **Gir|lan|de,** die Girlanden
Gisbert *(glänzender Mann – alter deutscher Name)*
Gisela, Gisa *(edle junge Frau – alter deutscher Name)*
die **Gi|tar|re,** die Gitarren
Gitta, Gitte (→ Brigitte)
das **Git|ter,** die Gitter
Giulio, Giulia, Giuliano (→ Julius)
glän|zen, es glänzte, der Glanz
das **Glas,** die Gläser, gläsern
der **Gla|ser,** die Glaser
glatt, die Glätte
die **Glat|ze,** die Glatzen
glau|ben, er glaubte, der Glaube, gläubig

gleich, das Gleichgewicht, der Gleichschritt, gleichgültig, gleichmäßig, gleichzeitig

gleich

klein:
gleich groß
Das ist mir gleich.
groß:
Es ist das Gleiche.
Zwei tun das Gleiche.
Das kommt aufs Gleiche hinaus.
Gleiches mit Gleichem vergelten
zusammen:
gleichaltrig
gleichartig
gleichbedeutend
gleichberechtigt

das **Gleis,** die Gleise
glei|ten, sie glitt
der **Glet|scher,** die Gletscher
das **Glied,** die Glieder, gliedern
die **Glie|de|rung,** die Gliederungen
glim|men, es glomm
glimpf|lich
glit|schig
glit|zern, es glitzerte

Etwas Blankes, Glattes, das glänzt und strahlt, hieß früher glat. Wenn ein Mensch strahlt, ist er fröhlich. Engländer sagen noch heute für *fröhlich* glad (gläd). Auch wir haben noch ein altes Wort für Blankes und strahlend Glattes: Glatze.

A B C D E F **G** H I J K L M N O P Q R S T U V W X Y Z

der **Glo|bus,** die Globen oder: die Globusse

Golo

die **Glo|cke**✿, die Glocken

Gloria *(Ruhm, Ehre – Ursprung römisch)*

glot|zen, er glotzte

das **Glück,** glücklich✿

die **Glu|cke,** die Glucken

glü|cken, es glückte

glu|ckern, es gluckerte

der **Glück|wunsch,** die Glückwünsche

glü|hen, es glühte, aber: die Glut

die **Glut,** die Gluthitze

die **Gna|de,** gnädig

das **Gold,** golden, goldig

Golo (→ Gottfried)

der **Gong,** die Gongs

gön|nen, sie gönnte

der **Go|ril|la,** die Gorillas

der **Gott,** die **Göttin,** die Götter, göttlich

Gottfried *(alter deutscher Name: Gott + Friede)*

Gotthard *(alter deutscher Name: Gott + hart)*

Gotthelf, Gotthilf, Gotthold, Gottlieb, Gottlob *(fromme Namen aus dem 17. Jahrhundert)*

das **Grab,** die Gräber

gra|ben, er grub

der **Gra|ben,** die Gräben

Grace, Gracia, Grazia *(Anmut – Ursprung römisch)*

der **Grad,** die Grade, 30 Grad (30°), aber: der → Grat

das **Gramm,** fünf Gramm (5 g)

die **Gram|ma|tik**

die **Gra|na|te,** die Granaten

der **Gra|nit**

gran|tig

das **Gras,** die Gräser, grasen

gräss|lich

der **Grat,** der Berggrat, aber: der → Grad

die **Grä|te,** die Gräten

die **Grät|sche,** die Grätschen

gra|tu|lie|ren, sie gratulierte, die Gratulation

grau✿, gräulich, aber: → greulich (Hast du Probleme? → Kasten blau)

grau|en, es graute, das Grauen, grauenhaft

Grenze: Zwei Familien

NL: grens *(chrens)*; ***DK:*** grænse; ***PL:*** granica; ***CZ:*** hranice; ***I:*** frontiera; ***E:*** frontera; ***GB:*** frontier *(frontiär)*; ***F:*** frontière *(frontiähr)*; ***Skr:*** granica *(granitza)*; ***Russisch:*** (sprich:) *granitza*

Gretel

die **Grau|pel,**
die Graupeln,
es graupelt
grau|sam,
die Grausamkeit
grau|sig
Gregor *(der Wachsame – Ursprung griechisch)*
grei|fen, sie griff, der Griff
der **Greis,** die **Greisin,**
die Greise
grell
die **Gren|ze,** die Grenzen
Greta, Gretchen, Grete, Gretje, Gretel (→ Margarete)
die **Greu|el,** die Greueltaten
greu|lich, aber: → gräulich
Grie|chen|land,
die Griechen, griechisch
der **Grieß,** der Grießbrei
der **Griff,** die Griffe
der **Grill,** die Grills, grillen
die **Gril|le,** die Grillen
die **Gri|mas|se,**
die Grimassen
grim|mig
grin|sen, er grinste
die **Grip|pe**
Grit, Grita (→ Margarete)
grob
der **Gro|bi|an,** die Grobiane
grö|len, er grölte
der **Groll,** grollen
der **Gro|schen,** die Groschen

groß, die Größe

groß

groß
etwas Großes
im großen Ganzen
im Großen und Ganzen
für Groß und Klein
die Großen gegen die Kleinen
Otto der Große
klein:
die großen Ferien
die große Pause

groß|ar|tig
Groß|bri|tan|ni|en,
die Briten, britisch
die **Groß|el|tern***
die **Grot|te,** die Grotten
die **Gru|be,** die Gruben
grü|beln, sie grübelte
grün, grünen, das Grün,
der Gründonnerstag

grün

klein:
am grünen Tisch
die grüne Welle (bei Ampeln)
groß:
das frische Grün
dasselbe in Grün
die Ampel zeigt Grün
die Grünen (polit. Partei)
(Hast du andere Probleme? → Kasten blau)

A B C D E F G H I J K L M N O P Q R S T U V W X Y Z

Gunnar

der **Grund,** die Gründe
gründ|lich
der **Grund|riss,** die Grundrisse
der **Grund|satz,** die Grundsätze, grundsätzlich
die **Grund|schu|le,** die Grundschulen
das **Grund|stück,** die Grundstücke
grun|zen, es grunzte
die **Grup|pe,** die Gruppen
sich **gru|seln,** er gruselte sich, gruselig oder: gruslig
grü|ßen, er grüßte, der Gruß
gu|cken, sie guckte
Gudrun *(alter deutscher Name: Kampf + Geheimnis)*
Guido *(Kind des Waldes – deutsch-französische Form)*
das/der **Gu|lasch**
die **Gül|le**
der **Gul|ly,** die Gullys
gül|tig, die Gültigkeit
das/der **Gum|mi,** die Gummis
der **Gum|mi|twist**
Gunda, Gundel, Gundela, Gunthild, Gunhilde, Gundula, Gunhild *(alte deutsche Namen, in denen das germanische Wort gund für Kampf steckt)*

Gunnar *(nordische Form von* → Günter*)*
güns|tig, die Gunst
Günter, Gunter (→ Gunda)
die **Gur|gel,** die Gurgeln
gur|geln, sie gurgelte
die **Gur|ke,** die Gurken
der **Gurt,** die Gurte
der **Gür|tel,** die Gürtel
der **Guss,** die Güsse
Gustav, Gus, Gustel, *(Stütze der Goten – schwedischer Name)*
gut*

> gut
>
> **groß**:
> alles Gute!
> Ich sage es dir im Guten!
> Das hat auch sein Gutes.
> Das ist des Guten zu viel.
>
> **klein**:
> jenseits von gut und böse
>
> **getrennt**:
> ein gut gemeinter Rat
> Lass es dir gut gehen!
> Das ist noch mal gut gegangen.

das **Gut,** die Güter
die **Gü|te,** gütig
Gwendolyn *(die Hellblonde – Ursprung keltisch)*
das **Gym|na|si|um,** die Gymnasien
die **Gym|nas|tik**

das **Haar**✿, die Haare, das Härchen, haarig, haarscharf
die **Ha|be,** Hab und Gut
ha|ben✿, sie hat, sie hatte
die **Hab|gier,** habgierig
der **Ha|bicht,** die Habichte
die **Ha|cke,** die Hacken
der **Ha|fen,** die Häfen
der **Ha|fer**
die **Haft,** haften, der Häftling, der Haftbefehl
die **Ha|ge|but|te,** die Hagebutten
der **Ha|gel,** hageln
ha|ger
der **Hahn,** die Hähne
der **Hai,** die Haie
Haike, Haiko (→ Heike)
hä|keln, sie häkelte
der **Ha|ken,** die Haken
halb, halbieren
die **Halb|zeit,** die Halbzeiten
die **Hal|de,** die Halden
die **Hälf|te,** die Hälften
die **Hal|le,** die Hallen
Hal|le|lu|ja!

hal|len, es hallt
die **Hal|lig,** die Halligen
hal|lo
der **Halm,** die Halme
das **Hal|ma**
das **Ha|lo|gen|licht**
der **Hals,** die Hälse
Halt machen
halt|bar, die Haltbarkeit
hal|ten, er hielt
die **Hal|te|stel|le,** die Haltestellen
die **Hal|tung,** die Haltungen
der **Ha|lun|ke,** die Halunken
Ham|burg, die Hamburger, hamburgisch
hä|misch
der **Ham|mel,** die Hammel oder: die Hämmel
der **Ham|mer,** die Hämmer, hämmern
ham|peln, er hampelte, der Hampelmann
der **Hams|ter,** die Hamster, hamstern
die **Hand**✿, die Hände, die Handschrift
han|deln, sie handelte, der Handel, die Handlung

Namen-Familien

***D*:** Hafen; ***NL*:** haven; ***DK*:** havn *(haun)* – København *(Köbenhaun)* → Kopenhagen heißt *Kaufmannshafen*. ***GB*:** harbour *(haarber)* und port; ***I*:** porto; ***E*:** puerto; ***F*:** port *(poor)*; ***PL*:** port; ***GR*:** (sprich:) *limáni*; ***SKr*:** luka

Hanna

der **Händ|ler,** die **Händlerin,** die Händler
die **Hand|schel|len**
der **Hand|schuh,** die Handschuhe
das **Hand|tuch,** die Handtücher
das **Hand|werk**
das **Han|dy** (sprich: *händi*)
der **Hanf**
hän|gen, sie hängte, es hing, es hat gehangen

> hängen
>
> Der Rock hing am Haken. Bis gestern hat er dort gehangen. Tim hat ihn da aufgehängt. Er hängte ihn vor einigen Tagen dort hin. Jetzt hängt er da nicht mehr.

Hanke (→ Johannes)
Hanna, Hanne (→ Johanna)
Hannah *(Anmut – Name aus der Bibel)*
Hannedore (→ Johanna, Dorothea)
Hannelore (→ Johanna, Eleonore)
Hannes, Hanns, Hanno, Hans, Hansi (→ Johannes)
Hansdieter, Hansgeorg, Hansjoachim, Hansjürgen, Hanswalter usw. (→ Johannes + 2. Namensteil)
hän|seln, er hänselte
der **Hap|pen,** die Happen
Harald *(alter deutscher Name: Heer + herrschen)*
die **Har|ke,** die Harken
harm|los
die **Har|moni|ka,** die Harmonikas
die **Har|pu|ne,** die Harpunen
Harri, Harry *(aus dem Englischen* → Henry*)*
hart, die Härte
Hartmut *(harter, starker Sinn – alter deutscher Name)*
hart|nä|ckig
Hartwig *(alter deutscher Name: hart + Kampf)*
der **Harz** (Gebirge)
das **Harz** (am Baum), harzig
ha|schen, er haschte
der **Ha|se,** die Hasen

> Manche Leute sagen, sie seien happy *(häppi)*, wenn sie glücklich sind. Von einem Happy End/Happyend reden wir beim guten Ausgang eines Films, besonders einer Liebesgeschichte – manchmal auch nach einer Klassenarbeit.

A B C D E F G H I J K L M N O P Q R S T U V W X Y Z

Heiner

die **Ha|sel|nuss,** die Haselnüsse
der **Hass,** hassen
häss|lich
Hasso *(Hesse – deutscher Name)*
du **hasst** (Grundform: hassen)
du **hast** (Grundform: haben)
die **Hast,** hastig, hasten
er **hat,** sie **hatte**
die **Hau|be,** die Hauben
hau|chen, sie hauchte, der Hauch
hau|en, er haute
der **Hau|fen,** die Haufen
häu|fig
Hauke (→ Hugo)
das **Haupt,** die Häupter, die Hauptstadt, hauptsächlich
das **Haus,** die Häuser, die Hausarbeit, haushoch
die **Haus|frau,** der **Hausmann**
der **Haus|halt,** die Haushalte
der **Haus|rat**
die **Haut,** die Häute
die **Heb|am|me,** die Hebammen
der **He|bel,** die Hebel
he|ben, sie hob
der **Hecht,** die Hechte
das **Heck** des Schiffes
die **He|cke,** die Hecken
Hedwig *(Kämpferin – alter deutscher Name)*

das **Heer,** die Heere
die **He|fe,** der Hefeteig
das **Heft,** die Hefte, heften
hef|tig, die Heftigkeit
das **Heft|pflas|ter,** die Heftpflaster
die **Hei|de** (unbebautes Land), die Heiden
der **Hei|de** (Nichtchrist), die Heiden
die **Hei|del|bee|re,** die Heidelbeeren
Heiko, Heike (→ Heinrich)
heil, die Heilung, der Heilpraktiker, heilsam
der **Hei|land**
hei|len, sie heilte, die Heilung
hei|lig, die Heiligen, der Heilige Abend
heim, ich fahre heim
das **Heim,** die Heime
die **Hei|mat**
heim|lich, die Heimlichkeit
heim|wärts fahren
das **Heim|weh**
Heinrich, Henrich, Heiner, Heinz, Hein, Heiko, Hinrich *(mächtiger Herrscher – alter deutscher Name)*
Italien./Span.: **Enrico**
Englisch: **Henry** *(hänri)*
Französisch: **Henri** *(ãnri)*
Schwedisch: **Henrik**

Henrike

die **Hei|rat,** die Heiraten, heiraten
hei|ser, die Heiserkeit
heiß
hei|ßen, er hieß, geheißen
hei|ter, die Heiterkeit
hei|zen, er heizte
die **Hei|zung,** die Heizungen, das Heizöl
Helene, Helena, Hella, Hela, Helen *(Ursprung griechisch, Bedeutung unklar)*
Englisch: **Helen** (hällen)
Französisch: **Élène** (elähn)
Italienisch: **Élena**
Dänisch: **Helene, Elin**
Ungarisch: **Ilona**
der **Held,** die Helden
hel|fen, sie hilft, er half, hat geholfen
der **Hel|fer,** die Helfer
Helga, Helge, Hella *(heiliger Mensch – Ursprung nordisch)*
hell, die Helligkeit
der **Helm,** die Helme
Helmut, Hellmut, Hellmuth *(Geist – alter deutscher Name. In diesen und ähnlichen Namen steckt das germanische Wort helm.)*
das **Hemd,** die Hemden

hem|men, er hemmte, die Hemmung
der **Hengst,** die Hengste
der **Hen|kel,** die Henkel
die **Hen|ne,** die Hennen
Henner, Henrik, Hendrik, Henni, Hennig, Henry, Henrike, Henriette (→ Heinrich)
her
her|ab, her|an
her|auf, her|aus
herb
die **Her|ber|ge,** die Herbergen
Herbert, Heribert *(alter deutscher Name: Heer + glänzend)*
der **Herbst***, herbstlich
der **Herd,** die Herde
die **Her|de,** die Herden
her|ein
der **He|ring,** die Heringe
Hermann, Harm, Harmen, Harmke, Hermine *(Mitglied des Heeres – alter deutscher Name)*
der **Herr***, die Herren
herr|lich
herr|schen, sie herrschte, der Herrscher
her|stel|len, sie stellte her, die Herstellung
Herta, Hertha *(eine germanische Göttin hieß ähnlich)*

Hildemar

her|über
her|um
her|un|ter
her|vor
her|vor|ra|gend
Herward, Herwarth *(alter deutscher Name: Heer + Schützer)*
das **Herz,** die Herzen
herz|lich, die Herzlichkeit
der **Her|zog,** die **Herzogin,** die Herzöge
Hes|sen, der Hesse, hessisch
Hetti (→ Hedwig)
het|zen, er hetzte, die Hetze
das **Heu**
heu|cheln, sie heuchelte, die Heuchler
heu|er (dieses Jahr)
die **Heu|er** (Lohn für Seeleute)
heu|len, sie heulte
die **Heu|schre|cke,** die Heuschrecken
heu|te*, heute Morgen, heute Abend
die **He|xe,** die Hexen
he|xen, er kann hexen

der **Hieb,** die Hiebe
hier, hierauf, hierbei, hierdurch, hierher, hiermit, hierzu
die **Hie|ro|gly|phen**
hie|sig
Hi-Fi (<u>High</u> <u>fi</u>delity, sprich: *heifidellitie*)
Hilde, Hildegard, Hildegunde, Hildemar, Hildemut, Hilke, Hiltraud *(In allen Namen mit Hil- steckt hiltja, das germanische Wort für Kampf.)*
die **Hil|fe,** die Hilfen
hilf|los
hilfs|be|reit
die **Him|bee|re,** die Himbeeren
der **Him|mel,** himmlisch
hin
hin|ab
hin|auf
hin|aus
hin|dern, er hinderte
das **Hin|der|nis,** die Hindernisse
hin|durch
hin|ein
hin|ken, er hinkte

Namen der Heuschrecke in Europa
Screckan ist ein altes Wort für *springen.* Der Name bedeutet also *Heuspringer.* ***I:*** cavalletta; ***NL:*** sprinkhaan; ***DK:*** græshoppe *(gräßhoppe)*; ***GB:*** grasshopper; ***E:*** saltamontes; ***TR:*** çekirge *(tschekirge)*

A B C D E F G H I J K L M N O P Q R S T U V W X Y Z

Holger

hin|set|zen, sie setzte sich hin
die **Hin|sicht**
hin|ten
hin|ter
hin|ter|ein|an|der
der **Hin|ter|grund**
hin|ter|her
hin|ter|lis|tig
der **Hin|tern,** die Hintern
hin|ter|rücks
hin|über
hin|un|ter
der **Hin|weis,** die Hinweise
hin|zu
das **Hirn,** die Hirne
der **Hirsch,** die Hirsche
die **Hir|se**
der **Hirt** oder: Hirte, die Hirten
die **Hit|pa|ra|de,** der Hit
die **Hit|ze,** hitzefrei
das **Hob|by,** die Hobbys
der **Ho|bel,** die Hobel
ho|beln, sie hobelte
hoch, höher, am höchsten
der **Hoch|mut,** hochmütig
höchs|tens
die **Hoch|zeit,** die Hochzeiten
ho|cken, er hockte, die Hocke
der **Ho|cker,** die Hocker
der **Ho|den,** die Hoden
der **Hof,** die Höfe
hof|fen, sie hoffte
hof|fent|lich
die **Hoff|nung,** die Hoffnungen
höf|lich, die Höflichkeit
ho|he Bäume
die **Hö|he,** die Höhen
hohl
die **Höh|le,** die Höhlen
der **Hohn,** verhöhnen, höhnisch
der **Ho|kus|po|kus**
ho|len, sie holte
Holger *(alter dänischer Name: Insel + Speer)*
Hol|land, die Holländer, holländisch
die **Höl|le,** höllisch
hol|pern, sie holperte, holprig oder: holperig
der **Ho|lun|der**
das **Holz,** die Hölzer, hölzern
die **Ho|mö|o|pa|thie**
der **Ho|nig**
der **Hop|fen**
hop|peln, er hoppelte
hopp|la
hop|sen, er hopste
der **Hop|ser,** die Hopser
hor|chen, sie horchte
die **Hor|de,** die Horden
hö|ren, sie hörte, hörbar
der **Hö|rer,** die Hörer
der **Ho|ri|zont**
das **Horn,** die Hörner
die **Hor|nis|se,** die Hornissen

das **Ho|ro|skop,** die Horoskope

Hroswitha

Horst *(Mann aus dem Busch – deutscher Name)*

der **Hort,** die Horte

hor|ten, sie hortete

die **Ho|se,** die Hosen

die **Hos|tie,** die Hostien

das **Ho|tel,** die Hotels

Hroswitha (→ Roswitha)

Hubert *(Mann mit Verstand – alter deutscher Name)*

hübsch✿

der **Hub|schrau|ber,** die Hubschrauber

hu|cke|pack

der **Huf,** die Hufe

die **Hüf|te,** die Hüften

der **Hü|gel,** die Hügel, hüglig oder: hügelig

Hugo (→ Hubert)

das **Huhn,** die Hühner

die **Hül|le,** die Hüllen

die **Hül|se,** die Hülsen

die **Hum|mel,** die Hummeln

der **Hu|mor**

hum|peln, sie humpelte

der **Hu|mus**

der **Hund**✿, die Hunde → Kasten Seite 72

hun|dert

hundert

klein:
hundert Kinder
Tempo hundert
ein hundertstel Gramm

freie Wahl:
einige hundert Leute
oder:
einige Hundert Leute
hunderte von Menschen
oder:
Hunderte ...
Hundertmeterlauf
oder:
Hundert-Meter-Lauf *oder:*
100-m-Lauf

zusammen:
hundertfach
hundertmal
hundertprozentig

der **Hun|ger,** hungern, hungrig

die **Hu|pe,** die Hupen, hupen

hüp|fen, er hüpfte

hu|schen, sie huschte

der **Hus|ten**✿, husten

der **Hut,** die Hüte

die **Hut,** hüten, auf der Hut sein

die **Hüt|te,** die Hütten

In England heißt ein Jagdhund hound, Hund allgemein dog.
Von dog kommt der Name für die Rasse der Doggen.
Mit Doggen jagte man früher Bullen.
Daher kommt der englische Name bulldog, deutsch: Bulldogge.

Inga

ich✿
i|de|al, das Ideal
die I|dee, die Ideen
der I|di|ot, die Idioten
der I|gel✿, die Igel
das Ig|lu, die Iglus
ihm, gib es ihm
ihn, hole ihn
ih|nen, ich sage es ihnen
ihr✿
die Il|lus|trier|te, die Illustrierten
im Haus (in dem Haus)
der Im|biss, die Imbisse
der Im|ker, die Imker
im|mer
im|mer|hin
imp|fen, sie impfte, die Impfung
im|po|nie|ren, sie imponierte
im|po|sant
im|stan|de sein/im Stande sein
in
in|dem
der In|di|a|ner, die Indianer

die In|dus|trie, die Industrien
in|ein|an|der
die In|fek|ti|on, der Infekt
der In|fi|ni|tiv, die Infinitive
in|for|mie|ren, sie informierte, die Information
der In|ge|ni|eur, die Inge-nieurin, die Ingenieure
der In|halt, die Inhalte
die In|li|ner, die Inlineskater
in|nen, innerhalb
in|ner|lich
in|nig
geh ins Haus! (in das Haus)
das In|sekt, die Insekten
die In|sel, die Inseln
das In|se|rat, die Inserate, inserieren
in|so|fern
der In|spek|tor, die Inspekto-rin, die Inspektoren
der In|stal|la|teur, die Installa-teure, die Installation
der In|stinkt, die Instinkte
das In|sti|tut, die Institute
das In|stru|ment, die Instrumente
in|tel|li|gent, die Intelligenz

Namen des Igels in Europa

GB: hedgehog *(hetschhog)* = Heckenschwein; *DK*: pindsvin (= Stachelschwein); *F*: hérisson *(ehriß~~on~~)* = der Stachelige; *E*: erizo *(eriðo)*; *NL*: Egel *(ejchel)*; *D*: Die uralte Bedeutung ist: Schlangenfresser.

der **In|ter|ci|ty,** die Intercitys
in|ter|es|sant
das **In|ter|es|se,** die Interessen, interessieren
in|ter|na|ti|o|nal
das **In|ter|net**
das **In|ter|view,** die Interviews, interviewen
der **In|va|li|de,** die Invaliden
in|zwi|schen
ir|gend

> irgend
> **wird fast immer zusammengeschrieben:**
> irgendein, irgendjemand
> irgendetwas, irgendwer
> irgendwo, irgendwoher
> **nur zwei Ausnahmen:**
> irgend so ein
> irgend so etwas

Ir|land, die Iren, irisch
die **I|ro|nie,** ironisch
ir|ren, sie irrte
der **Irr|tum,** die Irrtümer
der **I|schi|as**
die **I|so|la|ti|on,** isolieren
Is|ra|el, die Israelis, israelitisch
du **isst** (Grundform: essen)
er **ist*** (Grundform: sein)
I|ta|li|en, die Italiener, italienisch

Ibrahim *(arabische Form für Abraham = großer Vater)*
Ida *(junge Frau – alter deutscher Name)*
Ilka, Ilona (→ Helene)
Ilse (→ Elisabeth)
Ilsegret (→ Ilse, Margarete)
Imke, Imma, Imme (→ Irmgard)
Immanuel *(Gott ist mit uns – Ursprung griechisch)*
Ina (→ Katharina, Caroline)
Ines *(spanisch: → Agnes)*
Inga, Inge, Ingeborg, Inka *(göttlicher Schutz – nordischer Name)*
Ingemar, Ingomar, Ingo *(Name eines germanischen Gottes)*
Ingrid *(die Schöne – Ursprung skandinavisch)*
Ira, Irina, Irene *(Frieden – Ursprung griechisch)*
Iris *(Name der griechischen Götterbotin)*
Irmtraud, Irma, Irmel, Irmela, Irmgard, Irmhild, Irmtraud *(In allen Namen steckt das germanische Wort irm = groß.)*
Isabel, Isabell, Isabella, Isabelle *(eine spanische und italienische Form von → Elisabeth)*

Jakob

ja / **Ja*** sagen
die **Jacht,** die Jachten
die **Ja|cke,** die Jacken
ja|gen, er jagt, die Jagd
der **Ja|gu|ar,** die Jaguare
jäh, der Jähzorn
das **Jahr,** die Jahre, jährlich, das einjährige Kind
der **Jahr|gang,** die Jahrgänge
der **Jahr|markt,** die Jahrmärkte
der **Jam|mer,** jammern, jämmerlich
der **Ja|nu|ar***
Ja|pan, die Japaner, japanisch
jap|sen, er japste
jä|ten, er jätete
die **Jau|che**
jauch|zen, sie jauchzte
jau|len, er jaulte
ja|wohl
der **Jazz,** jazzen
je
je|den|falls
je|der, jede, jedes Mal
je|doch
je|mals
je|mand, je|ner
jen|seits
Je|sus
jetzt*
je|weils
der **Job,** die Jobs, jobben
jo|deln, sie jodelte
der/das **Jo|ghurt / Jo|gurt**
joh|len, er johlte
der **Jour|na|list,** die **Journalistin,** die Journalisten
ju|beln, der Jubel
das **Ju|bi|lä|um,** die Jubiläen
ju|bi|lie|ren, sie jubilierte
ju|cken, sie juckte
der **Ju|de,** die Juden
das **Ju|do**
die **Ju|gend,** die Jugendlichen, jugendlich
die **Ju|gend|wei|he**
der **Ju|li***
jung, der Junge, der Jüngling, der Junggeselle
der **Ju|ni***
der **Ju|rist,** die Juristen
das **Ju|wel,** die Juwelen, der Juwelier
der **Jux**

Als die Römer England besetzt hatten, lernten die Eingeborenen das Wort iocus *(Spaß)*. Jetzt heißt das englische Wort joke und Spaßmacher nennt man joker. So heißt auch eine besondere Spielkarte: Es macht Spaß, wenn man sie hat.

Josephine

Bis zum ❖ sind alle Namen biblisch.

Jakob, Jacob, Jascha, Jack, James, János, Jacques *(der Fersenhalter)*
Jan, Jens, Janik, Janick, Jannik, Jannick, Jannis (→ Johannes)
Jeremias, Jeremy *(Gott erhöht)*
Joachim, Jochen, Jochem *(Gott richtet auf)*
Joel *(Jehova ist Gott)*
Johannes, Johann, John, Giovanni, Gianni, Jean, Juan, Jupp *(Gott ist gnädig)*
Jonas *(Taube)*
Jonathan *(Gottesgabe)*
Josef, Joseph, Joe, José *(Gott möge vermehren)*
Joshua, Josua *(Gott hilft)* ❖
Jörg, Joris, Jörn, Jürn, Jürgen, Jörgen, Jörn, Juri, Jeffrey, Jeff (→ Georg)
Jost *(Krieger – Name aus Frankreich)*
Julius, Julian *(aus der berühmten Familie der Julier – Ursprung römisch)*
Justus, Just, Justinus, Justin *(der Gerechte und Redliche – Ursprung römisch)*

Wer Genaues wissen will, braucht ein Namenbuch.

Jacqueline *(französisch: → Jakob)*
Jana, Janna, Janina, Janine (→ Jan)
Jasmin(a) *(Name nach dem Strauch mit duftenden Blüten)*
Jennifer *(Name der Frau des Keltenkönigs Artus)*
Jenny, Jenni *(die Wohlgeborene – Ursprung griechisch)*
Jessica *(Gott sieht dich – Name aus der Bibel)*
Jette (→ Henriette)
Johanna, Janka, Jenni, Jo, Joana, Giovanna (→ Johannes)
Englisch: **Jane, Janet, Jean, Joan, Jenny**
Französisch: **Jeanne, Jeannette, Jeanine**
Spanisch: **Juana, Juanita**
Italienisch: **Giovanna**
Josepha, Josefa, Josephine, Josefine (→ Josef)
Judith, Jutta *(Frau aus Jehud – Name aus der Bibel)*
Julia, Jula, Juliana, Jule, Juliane, Juliette, Julie, Jill, Jillian (→ Julius)
Justina (→ Justin)

Kai

das **Ka|bel,** die Kabel, der Kabelanschluss
die **Ka|bi|ne,** die Kabinen
die **Ka|chel,** die Kacheln
der **Kä|fer,** die Käfer
der **Kaf|fee**✿
der **Kä|fig,** die Käfige
kahl
der **Kahn,** die Kähne
Kai, Kay *(Kampf – Ursprung friesisch/skandinavisch)*
der **Kai,** die Kais
der **Kai|ser,** die **Kaiserin,** die Kaiser, kaiserlich
der **Ka|jak,** die Kajaks
die **Ka|jü|te,** die Kajüten
der **Ka|kao**✿
der **Kak|tus,** die Kakteen
das **Kalb,** die Kälber
der **Ka|len|der,** die Kalender
der **Kalk,** kalken, kälken
Kalle (→ Karl)
die **Ka|lo|rie,** die Kalorien
kalt✿, die Kälte
ich **kam** (Grundform: kommen)
das **Ka|mel,** die Kamele
die **Ka|me|ra,** die Kameras
der **Ka|me|rad,** die **Kameradin,** die Kameradschaft, kameradschaftlich
die **Ka|mil|le,** der Kamillentee
der **Ka|min,** die Kamine
der **Kamm,** die Kämme, kämmen
die **Kam|mer,** die Kammern
der **Kampf,** die Kämpfe, kämpfen
der **Ka|nal,** die Kanäle, die Kanalisation
der **Ka|na|ri|en|vo|gel,** die Kanarienvögel
der **Kan|di|dat,** die **Kandidatin,** die Kandidaten
das **Kän|gu|ru,** die Kängurus
das **Ka|nin|chen,** die Kaninchen
der **Ka|nis|ter,** die Kanister
die **Kan|ne,** die Kannen
der **Ka|non,** die Kanons
die **Ka|no|ne,** die Kanonen
die **Kan|ta|te,** die Kantaten
die **Kan|te,** die Kanten, kantig
die **Kan|ti|ne,** die Kantinen
das **Ka|nu,** die Kanus
die **Kan|zel,** die Kanzeln
der **Kanz|ler,** die Kanzler
die **Ka|pel|le,** die Kapellen
ka|pie|ren, er kapierte
der **Ka|pi|tän,** die **Kapitänin,** die Kapitäne
das **Ka|pi|tel,** die Kapitel
der **Ka|plan,** die Kaplane
die **Kap|pe,** die Kappen
die **Kap|sel,** die Kapseln

A B C D E F G H I J K L M N O P Q R S T U V W X Y Z

Karen

Siehe auch C und Ch!

ka|putt, etwas kaputtmachen
die **Ka|pu|ze,** die Kapuzen
das **Ka|ra|te**
die **Ka|ra|wa|ne**
der **Kar|di|nal,** die Kardinäle
Karen (→ Karin)
der **Kar|frei|tag,** die Karfreitage
karg, kärglich, die Kargheit
ka|riert
die **Ka|ri|es**
Karin, Karina, Karen *(skandinavische Kurzform von* → Katharina)
Karl *(freier Mann – alter deutscher Name)*
Dänisch: **Karl**
Italienisch: **Carlo**
Spanisch: **Carlos**
Französ.: **Charles** *(scharl)*
Englisch: **Charles** *(tscharls)*
Niederländisch: **Karel**
Polnisch: **Karol**
Tschechisch: **Karel**
Frauenname: **Karla**

Siehe auch C und Ch!

der **Kar|ne|val**
das **Kar|ni|ckel,** die Karnickel
das **Ka|ro,** die Karos
die **Ka|ros|se|rie,** die Karosserien
die **Ka|rot|te,** die Karotten
der **Karp|fen,** die Karpfen
die **Kar|re,** die Karren
die **Kar|ri|e|re,** die Karrieren
Karsten (→ Christian)
die **Kar|te***, die Karten
die **Kar|tei,** die Karteien
die **Kar|tof|fel,** die Kartoffeln
der **Kar|ton,** die Kartons
das **Ka|rus|sell,** die Karussells
der **Kä|se**
die **Ka|ser|ne,** die Kasernen
Kaspar *(Legendenname eines der Drei Könige)*
der **Kas|per**
die **Kas|se,** die Kassen, kassieren
die **Kas|set|te***, die Kassetten, der Kassettenrekorder
die **Kas|ta|nie,** die Kastanien
der **Kas|ten,** die Kästen
der **Kat** (kurz für: Katalysator)
der **Ka|ta|log,** die Kataloge

Die Araber nannten das Getränk kahwa. Von denen lernten es die Türken kennen (kahve), nach ihnen Italiener (caffè), Spanier, Franzosen (café). Heute kennen es alle: Engländer (coffee), Niederländer (koffie), Tschechen (káva), Polen (kawa) ...

Katharina

die **Ka|ta|stro|phe,** die Katastrophen, katastrophal
der **Ka|ter,** die Kater
Katharina, Katharine, Katrin, Kathrin, Käthe, Kate, Kati, Katinka, Kathrein, Katja *(die Reine – Ursprung griechisch)*
Italienisch: **Caterina**
Spanisch: **Catalina**
Franz.: **Cathérine** *(katerien)*
Engl.: **Katherine** *(käðrin)*, **Kitty**
Irisch: **Kathleen** *(käðlien)*
Polnisch: **Katarzyna** *(kataschena)*
ka|tho|lisch, die Katholiken
die **Kat|ze***, die Katzen
das **Kau|der|welsch**
kau|en, er kaute
kau|ern, sie kauerte
kau|fen, sie kaufte, der Kauf, der Käufer
der **Kauf|mann,** die **Kauffrau,** die Kaufleute
das/der **Kau|gum|mi,** die Kaugummis
die **Kaul|quap|pe,** die Kaulquappen
kaum
der **Kauz,** die Käuze
keck
der **Ke|gel,** die Kegel, kegeln
die **Keh|le,** die Kehlen
keh|ren, er kehrte
kehrt|ma|chen
kei|fen, sie keifte
der **Keil,** die Keile, die Keilerei
der **Keim,** die Keime, der Keimling, keimfrei
kein, keine, keiner, keinmal
kei|nes|falls
kei|nes|wegs
der **Keks,** die Kekse
der **Kelch,** die Kelche
die **Kel|le,** die Kellen
der **Kel|ler,** die Keller
der **Kell|ner,** die **Kellnerin,** die Kellner
ken|nen, er kannte
die **Kennt|nis,** die Kenntnisse
das **Kenn|zei|chen,** die Kennzeichen
ken|tern, er kenterte
die **Ke|ra|mik,** die Keramiken

Abzählvers aus Italien A, B, C, D! ✶ Il mio gatto mi morì ✶ Mi morì di giovedì ✶ A, B, C, D. *(A, Bi, Tschi, Di! ✶ il mio gatto mi morí ✶ mi morí di dschowedí …)* (der mein Katz mir gestorben ist = meine Katze ist mir gestorben) die **Ker|be,** die Kerben, kerben

der **Ker|ker,** die Kerker

Kevin

der **Kerl,** die Kerle

der **Kern,** die Kerne, kernig

Kersten, Kirsten (→ Christian)

Kerstin, Kirsten, Kirstin (→ Christine)

die **Ker|ze,** die Kerzen

der **Kes|sel,** die Kessel

der/das **Ket|schup / Ket|chup**

die **Ket|te,** die Ketten

keu|chen, sie keuchte

der **Keuch|hus|ten**

die **Keu|le,** die Keulen

Kevin *(anmutig, hübsch – irischer Name)*

Kiara (→ Chiara)

ki|chern, er kicherte

der **Kie|bitz,** die Kiebitze

der **Kie|fer** (Gebissknochen), die Kiefer

die **Kie|fer** (Baum), die Kiefern

der **Kiel,** die Kiele

die **Kie|me,** die Kiemen

der **Kies**

der **Kie|sel,** die Kiesel

Kilian *(Kampf – irisch-schottischer Name)*

kil|len, der Killer

das **Ki|lo|gramm** (kurz: das Kilo), Zeichen: kg

der **Ki|lo|me|ter,** die Kilometer, kilometerweit, Zeichen: km

Kim *(Anführer im Kampf – irischer Name)*

das **Kind,** die Kinder, die Kindheit, kindisch, kindlich

das **Kinn,** der Kinnhaken

das **Ki|no,** die Kinos

der **Ki|osk,** die Kioske

die **Kip|pe,** die Kippen, kippen

die **Kir|che,** die Kirchen

die **Kirch|weih,** die Kirchmesse

die **Kir|mes,** die Kirmessen

die **Kir|sche,** die Kirschen

das **Kis|sen,** die Kissen

die **Kis|te,** die Kisten

die **Ki|ta,** die Kitas (kurz für: Kindertagesstätte)

der **Kitsch,** kitschig

der **Kitt**

das **Kitt|chen,** die Kittchen

der **Kit|tel,** die Kittel

das **Kitz,** die Kitze

kit|zeln, sie kitzelte, kitzlig oder: kitzelig

Klaas (→ Nikolaus)

kläf|fen, er kläffte

kla|gen, sie klagte, die Klage, kläglich

die **Klam|mer,** die Klammern

klam|mern, sie klammerte

die **Kla|mot|ten**

der **Klang,** die Klänge

Siehe auch C und Ch!

klap|pen, es klappte, die Klappe
klap|pern, es klapperte, die Klapper
klapp|rig oder: klapperig
der **Klaps,** die Klapse
klar, klären, die Klarheit, die Kläranlage
Klara, Klarina, Klarissa *(die Leuchtende – Ursprung römisch)*
die **Klas|se,** die Klassen, das ist Klasse/klasse
der **Klas|sen|leh|rer,** die **Klassenlehrerin**
der **Klass|leh|rer,** die **Klasslehrerin**
klat|schen, er klatschte, die Klatsche
klau|ben, sie klaubte
die **Klaue,** die Klauen
klau|en, er klaute
Klaus, Kolja (→ Nikolaus)
das **Kla|vier,** die Klaviere
kle|ben, sie klebte, der Kleber, klebrig
der **Kleb|stoff,** die Klebstoffe
kle|ckern, er kleckerte
der **Klecks,** die Kleckse
kleck|sen, sie kleckste
der **Klee**
das **Kleid,** die Kleider, kleiden, die Kleidung
klein*, die Kleinigkeit, kleinlich

> klein
>
> **groß**:
> Klein Fritzchen
> bis ins Kleinste
> Er ist der Kleinste.
> Kleine spielen mit Großen.
>
> **klein**:
> von klein auf
>
> **getrennt/zusammen**:
> klein beigeben
> ein Wort kleinschreiben
> Holz klein hacken
> jemanden kleinkriegen
> Du kannst dir das nicht merken? Nicht schlimm! Die meisten Erwachsenen können das auch nicht.

der **Kleis|ter**
klem|men, es klemmte, in der Klemme sein
der **Klemp|ner,** die Klempner
die **Klet|te,** die Kletten
klet|tern, sie kletterte
der **Kli|cker,** die Klicker
das **Kli|ma,** die Klimaanlage, klimatisiert
der **Klimm|zug,** die Klimmzüge
klim|pern, er klimperte
die **Klin|ge,** die Klingen
die **Klin|gel,** die Klingeln, klingeln

klin|gen,
es klang,
hat geklungen
die **Kli|nik,**
die Kliniken
die **Klin|ke,** die Klinken,
klinken
die **Klip|pe,** die Klippen
klir|ren, es klirrte
klö|nen, der Klönschnack
klop|fen, es klopfte,
der Klopfer
der **Klops,** die Klöpse
das **Klo(sett),** die Klos(etts)
der **Kloß,** die Klöße
das **Klos|ter,** die Klöster
der **Klotz,** die Klötze
der **Klub,** die Klubs
klug, die Klugheit
der **Klum|pen,** die Klumpen
knab|bern, er knabberte
der **Kna|be,** die Knaben
das **Knä|cke|brot**
kna|cken, es knackte,
der Knacks
knal|len, es knallte,
der Knall
knapp
knar|ren, es knarrte
knat|tern, es knatterte
das **Knäu|el,** die Knäuel
knau|sern, er knauserte,
knauserig oder: knausrig
der **Kne|bel,** die Knebel
der **Knecht,** die Knechte
knei|fen, sie kniff
kne|ten, er knetete,
die Knete
kni|cken, er knickte,
der Knick
der **Knicks,** die Knickse,
knicksen
das **Knie,** die Knie, knien
knip|sen, er knipste
der **Knirps,** die Knirpse
knir|schen, es knirschte
knis|tern, es knisterte
knit|tern, er knitterte
kno|beln, sie knobelte
der **Knob|lauch**
der **Knö|chel,** die Knöchel
der **Kno|chen,** die Knochen,
knochig
der **Knö|del,** die Knödel
die **Knol|le,** die Knollen
der **Knopf,** die Knöpfe,
knöpfen
der **Knor|pel,** die Knorpel

Abgeschlossen heißt auf Englisch: closed *(klousd)*, ein *kleines, abgetrenntes Zimmer* closet *(klosit)*. Ein Zimmerchen mit Wasserspülung nannte man früher water-closet. Wir gebrauchen das Wort heute kurz so: Klosett, WC oder Klo.

Knut

die **Knos|pe,** die Knospen
der **Kno|ten,** die Knoten
knül|len, er knüllte
knüp|fen, sie knüpfte
der **Knüp|pel,** die Knüppel
knur|ren, er knurrte
knusp|rig oder: knusperig, knuspern
Knut *(der Waghalsige – skandinavischer Name)*
k.o. schlagen, k.o. sein
der **Koch,** die **Köchin,** die Köche, der Kocher
ko|chen, sie kochte
der **Kof|fer,** die Koffer
der **Kohl**
die **Koh|le,** die Kohlen
die **Ko|kos|nuss,** die Kokosnüsse
der **Kol|ben,** die Kolben
der **Kol|le|ge,** die **Kollegin,** die Kollegen
die **Ko|lon|ne,** die Kolonnen
kom|bi|nie|ren, sie kombinierte, die Kombination
der **Ko|met,** die Kometen
kom|for|ta|bel
der **Ko|mi|ker,** die Komiker
ko|misch
das **Kom|ma,** die Kommas oder: die Kommata

kom|man|die|ren, er kommandierte, das Kommando, der Kommandant
kom|men, er kommt, er kam
der **Kom|men|tar,** die Kommentare, kommentieren
der **Kom|mis|sar,** die **Kommissarin,** die Kommissare
die **Kom|mo|de,** die Kommoden
die **Kom|mu|ni|on**
der **Kom|mu|nis|mus,** die Kommunisten, kommunistisch
die **Ko|mö|die,** die Komödien
die **Kom|pa|nie,** die Kompanien
der **Kom|pass,** die Kompasse
kom|plett
das **Kom|pli|ment,** die Komplimente
kom|pli|ziert
kom|po|nie|ren, sie komponierte, der Komponist
der **Kom|post,** die Komposte
das **Kom|pott,** die Kompotte
der **Kom|pro|miss,** die Kompromisse
die **Kon|di|ti|on,** die Konditionen
der **Kon|di|tor,** die **Konditorin,** die Konditoren

Konni

das **Kon|fekt**
die **Kon|fe|renz,** die Konferenzen
die **Kon|fes|si|on,** die Konfessionen
das **Kon|fet|ti**
die **Kon|fir|ma|ti|on,** die Konfirmationen, konfirmieren
die **Kon|fi|tü|re,** die Konfitüren
der **Kon|flikt,** die Konflikte
der **Kö|nig,** die **Königin,** die Könige, königlich
die **Kon|kur|renz,** der Konkurrent, die Konkurrentin
kön|nen, er kann, sie konnte, der Könner
Konrad, Konradin, Konradine *(kühner Ratgeber – alter deutscher Name)*
die **Kon|ser|ve,** die Konserven, konservieren
der **Kon|so|nant,** die Konsonanten
Konstantin, Konstanze, Konni *(standhafter Mensch – Ursprung römisch)*
kon|stru|ie|ren, sie konstruierte, die Konstruktion

der **Kon|sum,** der Konsument, konsumieren
der **Kon|takt,** die Kontakte
der **Kon|ti|nent,** die Kontinente
das **Kon|to,** die Konten
der **Kon|trast,** die Kontraste
die **Kon|trol|le,** die Kontrollen, kontrollieren
kon|zen|trie|ren, er konzentrierte sich, die Konzentration, konzentriert
das **Kon|zert,** die Konzerte
der **Kopf**✿, die Köpfe, der Kopfball, die Kopfschmerzen✿
kopf|über
die **Ko|pie,** die Kopien, kopieren
Kora *(Name einer griechischen Göttin)*
der **Ko|ran**
der **Korb,** die Körbe
die **Kor|del,** die Kordeln
der **Kor|ken,** die Korken, der Korkenzieher
das **Korn,** die Körner
der **Kör|per**✿, die Körper
kor|rekt, die Korrektur
der **Kor|ri|dor,** die Korridore

> Wir übernahmen von den Franzosen: confiture *(c~~on~~fitühr)*, gelée *(~~sch~~elee)*, croissant *(kroaß~~an~~)*, praline *(pralien)*, baguette *(bagett)*, bonbon *(b~~on~~b~~on~~)*, compote *(k~~om~~pott)*, bouillon *(buij~~on~~)*, sauce *(sooß)*, liqueur *(liköhr)*. Sind die Franzosen größere Feinschmecker?

kor|ri|gie|ren, sie korrigierte
die **Kos|me|tik,** kosmetisch
der **Kos|mo|naut,** die Kosmonauten
der **Kos|mos**
die **Kost,** kosten, köstlich
kost|bar
kos|ten, es kostete
die **Kos|ten**
das **Kos|tüm,** die Kostüme, kostümieren
der **Kot**
das **Ko|te|lett,** die Koteletts
der **Kö|ter,** die Köter
der **Kot|flü|gel,** die Kotflügel
kot|zen, er kotzte
die **Krab|be,** die Krabben
krab|beln, sie krabbelte
kra|chen, es krachte, der Krach
kräch|zen, er krächzte
die **Kraft,** die Kräfte, kräftig
der **Kra|gen,** die Kragen
die **Krä|he,** die Krähen
krä|hen, er krähte
die **Kral|le,** die Krallen
der **Kram,** kramen
der **Krampf,** die Krämpfe, krampfhaft, verkrampft
der **Kran,** die Kräne
krank*, die Kranken, das Krankenhaus

Siehe auch C und Ch !

krän|ken, es kränkte, die Kränkung
die **Krank|heit,** die Krankheiten
der **Kranz,** die Kränze
krass
der **Kra|ter,** die Krater
krat|zen, sie kratzte
krau|len, er kraulte
kraus, kräuseln
das **Kraut,** die Kräuter
die **Kra|wat|te,** die Krawatten
der **Krebs,** die Krebse
der **Kre|dit,** die Kredite
die **Krei|de,** die Kreiden
der **Kreis,** die Kreise
krei|schen, sie kreischte
der **Krei|sel,** die Kreisel
die **Krem,** die Krems
das **Kreuz,** die Kreuze, kreuzen, die Kreuzung
krie|chen, sie kroch
der **Krieg,** die Kriege
krie|gen, sie kriegte
der **Kri|mi,** die Krimis
Kristian (→ Christian)
Kristin (→ Christine)
kri|tisch, die Kritik, die Kritiker, kritisieren
krit|zeln, er kritzelte
das **Kro|ko|dil,** die Krokodile
der **Kro|kus,** die Krokusse
die **Kro|ne,** die Kronen

Kuno

die **Krö|te,** die Kröten
die **Krü|cke,** die Krücken
der **Krug,** die Krüge
der **Krü|mel,** die Krümel, krümeln
krumm, die Krümmung, sich krümmen
der **Krüp|pel,** die Krüppel
die **Krus|te,** die Krusten
die **Kü|che***, die Küchen
der **Ku|chen***, die Kuchen
ku|cken, sie kuckte
der **Ku|ckuck,** die Kuckucke
die **Ku|gel,** die Kugeln, kuglig, kugelig, der Kugelschreiber
die **Kuh***, die Kühe
kühl, kühlen, die Kühlung, der Kühlschrank
kühn, die Kühnheit
das **Kü|ken,** die Küken
die **Kul|tur,** die Kulturen
der **Küm|mel**
der **Kum|mer,** sich kümmern, bekümmert, kümmerlich
der **Kun|de,** die Kunden, die Kundschaft
die **Kun|de,** die Sachkunde

kün|di|gen, sie kündigte, die Kündigung
künf|tig
Kuno *(kühner Ratgeber der Sippe – alter deutscher Name)*
kun|ter|bunt
das **Kup|fer**
die **Kup|pel,** die Kuppeln
die **Kur,** die Kuren
die **Kur|bel,** die Kurbeln, kurbeln
der **Kür|bis,** die Kürbisse
der **Kurs,** die Kurse
Kurt (→ Konrad)
die **Kur|ve,** die Kurven, kurven, kurvig
kurz, kürzen, die Kürzung
kürz|lich, kurzsichtig
die **Ku|si|ne,** die Kusinen
der **Kuss,** die Küsse, küssen, sie küsste
die **Küs|te,** die Küsten
die **Kut|sche,** die Kutschen, kutschieren
der **Kut|ter,** die Kutter
das **Ku|vert,** die Kuverts
Kw
Wörter mit kw gibt es nicht.
Schlage unter Qu nach!

Wir übernahmen von den Franzosen:
crème *(krähm)*, poudre *(puhdre)*, parfum *(parf~~ün~~)*,
pincette *(p~~in~~ßett)*, nécessaire *(neßeßähr)*, perruque *(perrück)* ...
War ihre Körperpflege besser?

Larissa

la|bern, sie laberte
das **La|bor** (eigentlich: Laboratorium), die Labors
la|chen, sie lachte, lächeln
lä|cher|lich
der **Lachs,** die Lachse
der **Lack,** die Lacke, lackieren
la|den, du lädst (auch: du ladest), er lud, die Ladung
die **La|ge,** die Lagen
das **La|ger,** die Lager, lagern
lahm, die Lähmung
der **Laib** Brot, aber: der → Leib
der **Laich,** laichen
der **Laie,** die Laien
das **La|ken,** die Laken
die **La|krit|ze**
lal|len, er lallte
la|men|tie|ren, er lamentierte
das **La|met|ta**
das **Lamm,** die Lämmer
die **Lam|pe,** die Lampen
der **Lam|pi|on,** die Lampions
das **Land,** die Länder
lan|den, sie landete, die Landung
die **Land|stra|ße,** die Landstraßen
der **Land|wirt,** die Landwirte, die Landwirtschaft

lang*, die Länge, längs

> lang
>
> **klein:**
> seit langem
> **groß:**
> des Langen und Breiten
> **getrennt:**
> zu lang, allzu lang
> **zusammen:**
> meterlang, jahrelang
> stundenlang, tagelang
> *aber:*
> zehn Tage lang usw.

die **Lan|ge|wei|le**
lang|sam*
längst
der **Lap|pen,** die Lappen
Lara *(russisch; auch italienisch:* → Laurentia*)*
die **Lär|che** (Nadelbaum), die Lärchen, aber: die → Lerche
Larissa *(Name einer Fürstentochter – russischer Name griechischer Herkunft)*
der **Lärm,** lärmen
Lars *(skandinavische Form von* → Laurentius*)*
die **Lar|ve,** die Larven
las|sen, er lässt, er ließ
läs|sig
das **Las|so,** die Lassos
die **Last,** die Lasten, der Lastkraftwagen (Laster, Lkw)

das **Las|ter,** die Laster
läs|tern
läs|tig
das **La|tein,** lateinisch
die **La|ter|ne,** die Laternen
die **Lat|te,** die Latten
lau, lauwarm
das **Laub**
die **Lau|be,** die Lauben
lau|ern, sie lauerte, auf der Lauer liegen
lau|fen, sie l<u>ie</u>f, der Lauf
die **Lau|ne,** die Launen
Laurentius, Laurentia, Laura, Lara *(Mensch aus der Stadt Laurentium – Ursprung römisch)*
Laurin *(ein Zwergenkönig in einer deutschen Sage)*
die **Laus,** die Läuse
der **Laus|bub,** die Lausbuben
lau|schen, er lauschte, der Lauscher
laut sein, der Lautsprecher
der **Laut,** die Laute, lautlos
läu|ten, er läutete
die **La|va**
die **La|wi|ne,** die Lawinen
Lea *(Name aus der Bibel, Bedeutung unklar)*
Leander *(alter griechischer Name: Volk + Mann)*
das **Le|ben,** wir leben, lebhaft, lebendig
die **Le|ber**
der **Leb|ku|chen,** die Lebkuchen
lech|zen, sie lechzte
das **Leck,** die Lecks, leck sein
le|cken, er leckte
le|cker, der Leckerbissen
das **Le|der,** ledern
le|dig
le|dig|lich
leer, die Leere, leeren
le|gen, er legte
der **Lehm,** lehmig
die **Leh|ne,** die Lehnen
sich **leh|nen,** sie lehnte sich
leh|ren, der Lehrer, die Lehrerin lehrte, die Lehre
der **Leib** (Körper), die Leiber, aber: der → L<u>ai</u>b
die **Lei|che,** die Leichen
leicht, die Leichtigkeit
die **Leicht|ath|le|tik**

Leib (Körper) bedeutete früher Leib <u>und</u> Leben. Unser Wort „*Leib*wächter" bedeutet: Lebenswächter. Heute gibt es in England zwei Wörter: body (Leib) und life (Leben). Deshalb gibt es Leib- und Lebens-Wächter: bodyguard und lifeguard.

Leo

der **Leicht|sinn,** leichtsinnig
lei|den, er litt, das Leid, es tut mir Leid
die **Lei|den|schaft,** die Leidenschaften
lei|der
Leif *(Erbe, Sohn – norwegischer Name)*
lei|hen, sie lieh, die Leihbücherei
Leila, Laila *(die Dunkelhaarige – englischer Name)*
der **Leim,** leimen
die **Lei|ne,** die Leinen
das **Lei|nen,** das Leintuch
der **Lein|sa|men**
die **Lein|wand,** die Leinwände
lei|se
die **Leis|te,** die Leisten
leis|ten, sie leistete, die Leistung
lei|ten, er leitete, die Leitung
die **Lei|ter,** die Leitern
die **Lek|ti|on,** die Lektionen
die **Lek|tü|re,** die Lektüren
Lena, Lene, Leni, Lenka (→ Helene, Magdalene)
len|ken, sie lenkte, der Lenker, die Lenkung
Lennart (→ Leonhard)
der **Lenz**

Leonhard, Leonard, Leon *(alter deutscher Name: Löwe + hart)*
Italienisch: **Leonardo**
Franz.: **Léonard** *(leonahr)*
Engl.: **Leonard** *(lennert)*
Schwedisch: **Leonard, Lennart**
Leonore, Lenore (→ Eleonore)
Leonore, Leon, Leone, Leonie, Leo, Leonid, Lew *(Löwe – Ursprung römisch)*
der **Le|o|pard,** die Leoparden
Leopold *(alter deutscher Name: Volk + kühn)*
die **Ler|che** (Vogel), die Lerchen, aber: die → Lärche
ler|nen, er lernte
le|sen, sie liest, sie las
der **Le|ser,** die **Leserin,** lesbar, leserlich
letz|te, letztens

> letzte
> **groß:**
> das Letzte, was ich tue
> Das ist das Letzte!
> Er wird als Letzter fertig.
> Den Letzten beißen die Hunde.
> Sie gibt ihr Letztes.
> zu guter Letzt
> **klein:**
> im letzten Augenblick
> zum letzten Mal

Lisa

leuch|ten, es leuchtete, der Leuchter
leug|nen, er leugnete
die **Leu|te**
der **Leut|nant,** die Leutnants
Lewis (→ Ludwig)
das **Le|xi|kon,** die Lexika
Liane (→ Juliane)
die **Li|bel|le,** die Libellen
das **Licht**✿, die Lichter, die Lichtung
das **Lid** (Augendeckel), die Lider, aber: das → Lied
Lida (→ Ludmilla)
die **Lie|be**✿, die Liebhaberei
Liebegard, Liebgard *(darin steckt das alte deutsche Wort liob = lieb)*
lie|ben, sie liebte, lieb✿, lieber, der Liebling✿
das **Lied,** die Lieder, aber: das → Lid
lie|der|lich
lie|fern, er lieferte, die Lieferung
lie|gen, er lag, gelegen, die Liege

Lieselotte, Liselotte (→ Elisabeth, Charlotte)
der **Lift,** die Lifte
die **Li|ga,** die Ligen
li|la
die **Li|lie,** die Lilien
der **Li|li|pu|ta|ner,** die **Liliputanerin,** die Liliputaner
Lilli, Lilly, Lili, Lill, Lilian, Liliane (→ Elisabeth)
die **Li|mo|na|de,** die Limonaden (kurz: Limo)
Lina *(Kurzform:* → Carolina)
die **Lin|de,** die Linden
Linde, Linda *(Kurzform alter deutscher Namen: Volk + Schild)*
lin|dern, er linderte, die Linderung
das **Li|ne|al,** die Lineale
die **Li|nie,** die Linien, liniert
links✿, die linke Seite, der Linkshänder, linkisch
das **Li|no|le|um**
die **Lin|se,** die Linsen
die **Lip|pe,** die Lippen
Lisa, Liesa, Lisbeth, Liesbeth, Lisette, Lissy, Lizzy, Liz (→ Elisabeth)

Ich liebe dich! ***F:*** Je t'aime *(~~sehe~~ tähme)*; ***GB:*** I love you *(ei law juh)*; ***I:*** Ti amo; ***E:*** Te quiero *(te kjero)*; ***DK:*** Jeg elsker dig *(jej elsker dai)*; ***NL:*** Ik hou van jouw! *(ick hau van jau)*; ***SKr:*** Ja te volim; ***GR:*** (sprich:) *sagapó*; ***TR:*** Seni seviyorum! *(ßeni ßevijorum)*

A B C D E F G H I J K **L** M N O P Q R S T U V W X Y Z

Lucie

lis|peln, sie lispelte
die **List,** die Listen, listig
die **Lis|te,** die Listen
der/das **Li|ter,** drei Liter (3 l)
die **Li|te|ra|tur**
lo|ben, sie lobte, das Lob
das **Loch,** die Löcher, lochen, löchrig oder: löcherig
die **Lo|cke,** die Locken, lockig
lo|cken, sie lockte
lo|cker, lockern
lo|dern, es loderte
der **Löf|fel,** die Löffel, löffeln
die **Lo|gik,** logisch
der **Lohn,** die Löhne, lohnen
das **Lo|kal,** die Lokale
die **Lo|ko|mo|ti|ve** (kurz: Lok), die Lokomotiven
der **Lol|li** (Süßigkeit am Stiel)
Loni, Lonni, Lony, Lonny *(wie eine Löwin, dem Gott Apollo geweiht – Ursprung griechisch)*
die **Lo|re,** die Loren
Lore (→ Eleonore)
Lorenz (→ Laurentius)
Loretta, Lorette, Loritta (→ Eleonore)
los
das **Los,** die Lose, losen
lö|schen, sie löschte, das Löschblatt
lo|se
lö|sen, er löste, die Lösung
das **Lot,** die Lote
lö|ten, er lötete
Lothar *(alter deutscher Name: Heer + berühmt)*
der **Lot|se,** die Lotsen, lotsen
Lotte, Lotti (→ Charlotte)
die **Lot|te|rie,** das Lotto
der **Lö|we,** die Löwen
der **Lö|wen|zahn**
Luca (→ Lukas)
der **Luchs,** die Luchse
Lucia, Lucie, Luzia, Lucius *(glänzender Mensch – römischer Ursprung)*
die **Lü|cke,** die Lücken
das **Lu|der,** die Luder
Ludmilla *(die dem Volk lieb ist – Ursprung slawisch)*
Ludwig, Lutz *(alter deutscher Name: Kampf + berühmt)*
Englisch: **Lewis** (luiß)
Französisch: **Louis** (lui)
Spanisch: **Luis**
Italienisch: **Luigi** (luidschi), **Ludovico**
Dänisch: **Ludvig**
Niederländisch: **Lodewik**
Frauennamen: **Louise, Louisa, Luise, Luisa, Lu**
die **Luft,** die Lüfte
lü|gen, sie log, die Lüge

Lukas

Lukas *(Mann aus der Landschaft Lukania – Ursprung römisch)*
die **Lu|ke,** die Luken
der **Lüm|mel,** die Lümmel
der **Lump** (schlechter Mensch), die Lumpen
der **Lum|pen** (Lappen), die Lumpen
lum|pig
die **Lun|ge,** die Lungen, die Lungenentzündung
lun|gern, er lungerte
die **Lu|pe,** die Lupen
lüp|fen, sie lüpfte
die **Lu|pi|ne,** die Lupinen
der **Lurch,** die Lurche
die **Lust,** die Lüste, lustig
lut|schen, er lutschte, der Lutscher
Lu|xem|burg, die Luxemburger, luxemburgisch
der **Lu|xus,** das Luxushotel
Luzie *(die Glänzende – Ursprung römisch)*
Lydia, Liddy *(Frau aus Lydien – Ursprung griechisch)*
die **Ly|rik,** lyrisch

Mabel (mäibl) *(die Liebenswürdige – englischer Name)*
ma|chen✿, sie machte
mäch|tig, die Macht
das **Mäd|chen,** die Mädchen
die **Ma|de,** die Maden
die **Magd,** die Mägde
Magdalena, Magdalene, Madeleine (madlän) *(Maria aus dem Ort Magdala – Name aus der Bibel)*
der **Ma|gen,** die Mägen oder: die Magen
ma|ger
der **Mag|net,** die Magnete, magnetisch
Magnus *(der Große – Ursprung römisch)*
mä|hen, er mähte
das **Mahl,** die Mahlzeit, aber: das → Mal
mah|len, er mahlte Mehl
Mäh|ne, die Mähnen
mah|nen, sie mahnte, die Mahnung
der **Mai**✿
Maik, Maike (→ Mike, Meike)
der **Mais**
die **Ma|jes|tät,** die Majestäten

In der griechischen Landschaft Magnesia fand man früher besondere „Steine“. Viele Sprachen „wissen“ es noch: ***D:*** Magnet; ***GB:*** magnet; ***F:*** aimant (äm~~an~~); ***NL:*** magneet (machneet); ***TR:*** mıknatıs; ***DK:*** magnet (mauneet); ***PL:*** magnes; ***CZ:*** magnet; ***E:*** imán

Marc

der **Ma|kel**
der **Mak|ler,** die Makler
das **Make-up**
mal, komm mal!
das **Mal,** die Male
aber: das → Mahl

mal

klein und zusammen:
einmal, zweimal usw.
auf einmal, noch einmal
diesmal, hundertmal
ein paarmal, manchmal
groß und getrennt:
das erste Mal
beim letzten Mal
das nächste Mal
jedes Mal, mit einem Male

ma|len, sie malte, der Maler, die Malerin
Malte *(alter dänischer Name: Helm + Schutz)*
Malvine, Malwine *(alter schottischer Name: wini hieß früher Freund)*
die **Ma|ma,** die Mamas
das **Mam|mut,** die Mammuts
man, aber: der → Mann
manch, manche, mancher
manch|mal
die **Man|da|ri|ne,** die Mandarinen
die **Man|del,** die Mandeln
Mandy *(die Liebenswerte – englischer Name)*
die **Ma|ne|ge,** die Manegen
Manfred *(alter deutscher Name: Mann + Friede)*
der **Man|gel** (Fehler), die Mängel, mangelhaft
die **Man|gel** (Glättrolle für Wäsche), die Mangeln
der **Mann,** die Männer, die Mannschaft, männlich
Manon (→ Maria)
das **Ma|nö|ver,** die Manöver
der **Man|tel,** die Mäntel
Manuel, Manuela (→ Emanuel)
die **Map|pe,** die Mappen
Marc, Marcel, Marco, Markus, Marcus, Marko, Marek, Marcellus, Marcella (→ Markus)
das **Mär|chen,** die Märchen
der **Mar|der,** die Marder
Marei, Mareike (→ Maria)
Maren (→ Marina)

Schauspieler an englischen Theatern machten sich auf ihr Gesicht vor Beginn der Vorstellung Puder und Schminke. Das war das make-up *(mejk-ap)*. Heute verschönern sich viele Frauen überall in der Welt ihre Gesichtshaut durch ein Make-up.

Maria

Margarete, Margaret, Margret, Marga, Margot, Margit, Margarita, Marit, Margitta, Meta *(Perle – Ursprung römisch)*
Engl.: **Margaret** *(margerit)*, **Margery** *(mard~~sch~~eri)*, **Maggie** *(mäggi)*, **Meggy** *(mäggi)*
Franz.: **Marguerite** *(margerit)*
Italienisch: **Margherita, Marghitta**
Dänisch: **Margarete**

Maria, Marie, Mariane, Marianne, Marieke, Mia, Mareike, Marion, Mariella, Marita, Marietta, Maritta, Marika, Maura, Mascha *(Name der biblischen Mutter von Jesus, Bedeutung unklar)*
Friesisch: **Meike, Maike**
Englisch: **Mary** *(märi)*, **Molly**, **May** *(mej)*, **Maureen** *(mårien)*
Franz.: **Marie** *(marie)*
Dänisch: **Marie**
Italienisch: **Maria**
Polnisch: **Mária**
Russisch: **Marija, Mascha**

die **Mar|ga|ri|ne**
die **Mar|ge|ri|te,** die Margeriten
Marianne (→ Maria, Anna)
Marina *(am Meer lebend – Ursprung römisch)*
die **Ma|ri|ne**
Mario, Marius *(aus der berühmten Familie der Marier – Ursprung römisch)*
die **Mark** (Geld), die Deutsche Mark (DM)
das **Mark** (in Knochen und Pflanzenstielen)
die **Mark** (Grenzland)
die **Mar|ke,** die Marken
mar|kie|ren, er markierte
der **Markt,** die Märkte
Markus, Marcus, Mark, Marko, Marco *(nach Mars, dem römischen Kriegsgott)*
Marleen, Marlen, Marlene (→ Maria, Lene)
Marlies, Marlis (→ Maria, Elisabeth, Luise)
die **Mar|me|la|de**
der **Marsch,** marschieren
Martha, Marta *(Herrin – Name aus der Bibel)*
Martin, Martina, Martine *(kämpferischer Mensch – Ursprung römisch)*
Marvin *(alter englischer Name: berühmter Freund)*
der **März***

das **Mar|zi|pan**
Mascha *(russisch: → Maria)*
die **Ma|sche,** die Maschen
die **Ma|schi|ne,** die Maschinen, maschinell
die **Ma|sern**
die **Mas|ke,** die Masken, maskieren
das **Mas|kott|chen,** die Maskottchen
das **Maß,** die Maße
die **Mas|sa|ge,** die Massagen
die **Mas|se,** die Massen, massig
mas|sie|ren, er massierte
mä|ßig
mas|siv
die **Maß|nah|me,** die Maßnahmen
der **Maß|stab,** die Maßstäbe
der **Mast** (Schiff), die Masten
die **Mast** (Tiere), das Mästen
das **Ma|te|ri|al,** die Materialien
die **Ma|the|ma|tik**
die **Ma|trat|ze,** die Matratzen
der **Ma|tro|se,** die Matrosen
der **Matsch,** matschig
matt, ich bin matt
die **Mat|te,** die Matten
Matthias, Mattias, Mathis, Mathieu *(Geschenk Gottes – Ursprung hebräisch)*

Max

die **Mau|er,** die Mauern, mauern
das **Maul,** die Mäuler
der **Maul|wurf,** die Maulwürfe
der **Mau|rer,** die Maurer
Maurice (→ Moritz)
die **Maus***, die Mäuse
Maximilian, Max, Maxi, Maximiliane *(aus der berühmten Familie Maximinus – Ursprung römisch)*
der **Me|cha|ni|ker,** die Mechaniker
Mechthild (→ Hilde)
me|ckern, sie meckerte
Meck|len|burg-Vor|pom-mern, die Mecklenburger, die Pommern, mecklenburgisch
die **Me|dail|le,** die Medaillen
das **Me|di|ka|ment,** die Medikamente
die **Me|di|zin,** die Mediziner, medizinisch
das **Meer,** die Meere
der **Meer|ret|tich,** die Meerrettiche
me|ga…, mega-out usw.
das **Mehl**
mehr, meh|re|re
die **Mehr|heit,** die Mehrheiten
mehr|mals
die **Mehr|zahl**
mei|den, sie mied

A B C D E F G H I J K L M N O P Q R S T U V W X Y Z

Merle

mein✿
mei|nen, sie meinte, die Meinung
mei|net|we|gen
Meinhard, Meinhild, Meinhold, Meinolf, Meinrad, Meinulf *(In allen Namen mit Mein- steckt ein altes deutsches Wort für Kraft, Tüchtigkeit.)*
die **Mei|se,** die Meisen
meist, meistens
am **meis|ten**
der **Meis|ter,** die **Meisterin,** die Meister, meisterhaft, die Meisterschaft
Melanie *(dunkelfarbig – französischer Name griechischen Ursprungs)*
Melchior *(König des Lichts – Ursprung hebräisch)*
mel|den, er meldete, die Meldung
Melina *(Frau von der Insel Melos – Ursprung griechisch-römisch)*
Melissa, Melitta *(Biene – griechischer Ursprung)*

mel|ken, sie molk (auch: sie melkte), gemolken, die Molkerei
die **Me|lo|die,** die Melodien, melodisch
die **Me|lo|ne,** die Melonen
die **Men|ge,** die Mengen
der **Mensch,** die Menschen, die Menschheit, menschlich
das **Me|nü,** die Menüs
mer|ken, er merkte, merkwürdig
das **Merk|mal,** die Merkmale
Merle *(Amsel – Ursprung englisch)*
die **Mes|se,** die Messen (1. katholische Feier, 2. Verkaufsausstellung, 3. Jahrmarkt)
mes|sen, er misst, er maß, miss!
das **Mes|ser,** die Messer
das **Me|tall,** die Metalle, metallisch
der **Me|te|or,** die Meteore, die Meteorologie
der/das **Me|ter,** drei Meter (3 m)
die **Me|tho|de,** die Methoden

Früher gab es in Europa viele Maßeinheiten. Vor 200 Jahren führten die Franzosen das Meter (mètre – *mätr*) ein.
Heute hat es die ganze Welt, z. B.: ***CZ und PL:*** metr; ***TR:*** metre; ***NL, DK und D:*** meter/Meter; ***I und E:*** metro; ***GR:*** (sprich:) *mätro*

Mirko

der **Metz|ger,** die Metzger
meu|tern, er meuterte, die Meuterei
Mia *(Kurzform von* → Maria*)*
mich, ich freue mich
Michael, Michail, Michel, Miguel, Mikael, Mischa *(Wer ist wie Gott? – Name aus der Bibel)*

Frauennamen:

Michaela, Michele, Michèle, Micheline, Michelle (→ Michael)
die **Mi|cky|maus**
der **Mief,** miefig
die **Mie|ne** (Gesichtsausdruck), die Mienen, aber: die → Mine
die **Mie|te,** die Mieten, mieten, die Mieter
Mike *(englische Form von* → Michael*)*
das **Mi|kro|fon/Mi|kro|phon,** die Mikrofone
das **Mi|kro|skop,** die Mikroskope
Mila, Milena (→ Ludmilla)
die **Milch**✿, milchig
mild, die Milde, mildern
das **Mi|li|tär,** militärisch
die **Mil|li|ar|de,** drei Milliarden (3 Md. oder 3 Mrd.)
das **Mil|li|gramm** (mg)
der/das **Mil|li|me|ter,** drei Millimeter (3 mm)
die **Mil|li|on,** drei Millionen (3 Mill. oder 3 Mio.)
der **Mil|li|o|när,** die Millionäre
min|der, die Minderheit
min|des|tens
die **Mi|ne,** die Minen (1. Bleistiftmine, 2. Bergwerk, 3. Sprengkörper), aber: die → Miene
das **Mi|ne|ral,** die Mineralien
das **Mi|ni|golf**
mi|ni|mal, das Minimum
der **Mi|nis|ter,** die **Ministe|rin,** die Minister
mi|nus (weniger)
das **Mi|nus** (Fehlbetrag)
die **Mi|nu|te,** die Minuten
mir✿ gefällt das
Mirabella, Mira, Mirella, *(die Wunderbare – italienische Namen)*
Mirco, Mirko *(alter slawischer Name: Friede + Ruhm)*
Mireille (mirej) *(französische Form von* → Mirabella*)*
Miriam *(die Ungezähmte – Ursprung hebräisch)*
Mischa *(russische Kurzform von* → Michael*)*
mi|schen, sie mischte, die Mischung, der Mischling

miss|ach|ten, die Missachtung
der **Miss|er|folg,** die Misserfolge
er **misst** (Grundform: messen), aber: der → Mist
miss|trau|en, das Misstrauen
miss|ver|ste|hen, das Missverständnis
der **Mist,** aber: sie → misst
mit
der **Mit|ar|bei|ter,** die **Mitarbeiterin**
mit|ein|an|der
das **Mit|glied,** die Mitglieder
das **Mit|leid,** mitleidig
der **Mit|tag,** die Mittage (Hast du Probleme? → Kasten Abend)
die **Mit|te,** die Mitten, mitten im Zimmer
mit|tei|len, die Mitteilung
das **Mit|tel,** die Mittel
mitt|ler|wei|le
der **Mitt|woch***, die Mittwoche (Hast du Probleme? → Kasten Dienstag)
mi|xen, er mixte, der Mixer

Mona

die **Mö|bel,** möblieren
sie **moch|te** (→ mögen)
die **Mo|de,** die Moden, modisch
das **Mo|dell,** die Modelle
der **Mo|der,** modern (erste Silbe betont: verfaulen)
mo|dern (zweite Silbe betont)
das **Mo|fa,** die Mofas
mo|geln, sie mogelte
mö|gen, sie mag, sie mochte, sie möchte
die **Mög|lich|keit,** die Möglichkeiten, möglich
mög|lichst
der **Mohn**
die **Möh|re,** die Möhren
der **Molch,** die Molche
die **Mol|ke|rei,** die Molkereien
mol|lig
der **Mo|ment,** die Momente
Mona *(die Edle – englischer Name)*
der **Mo|nat,** die Monate, monatlich
der **Mönch,** die Mönche
der **Mond***, die Monde
die **Mo|ne|ten**

Mond und Sonne (Gedicht aus England)
The moon on the one hand, the sun on the other. ✹
The moon is my sister, the sun is my brother. ✹
The moon on my left, the sun on my right. ✹
My brother Good morning, my sister Good night.

A B C D E F G H I J K L M N O P Q R S T U V W X Y Z

Monika, Monica, Moni, Monique *(Einsiedlerin – Herkunft griechisch/römisch)*

Moritz

der **Mo|no|log,** die Monologe

das **Mo|no|pol,** die Monopole

das **Mons|ter,** die Monster

der **Mon|tag***, die Montage (Hast du Probleme? → Kasten Dienstag)

das **Moor,** die Moore

das **Moos,** die Moose

das **Mo|ped,** die Mopeds

der **Mops,** die Möpse

die **Mo|ral,** moralisch

der **Mo|rast**

der **Mord,** die Morde, morden, der Mörder

mor|gen früh

der **Mor|gen***, die Morgen (Hast du Probleme? → Kasten Abend)

der **Mor|gen** Land, die Morgen

Moritz, Morris *(der Schwarze aus Mauretanien – Ursprung römisch)*

morsch

der **Mör|tel**

Morten *(dänisch: → Martin)*

das **Mo|sa|ik**

die **Mo|schee,** die Moscheen

der **Mos|ki|to,** die Moskitos

der **Most,** die Moste

der **Mos|trich**

das **Mo|tel,** die Motels

das **Mo|tiv,** die Motive

der **Mo|tor,** die Motoren

das **Mo|tor|rad,** die Motorräder

die **Mot|te,** die Motten

das **Mot|to,** die Mottos

das **Moun|tain|bike** (englisch, sprich: *mauntenbaik*)

die **Mö|we,** die Möwen

die **Mü|cke,** die Mücken

mucks|mäus|chen|still

mü|de, die Müdigkeit

die **Mü|he,** die Mühen

sich **mü|hen,** sie mühte sich, mühsam

die **Müh|le,** in Mü<u>h</u>len wird Me<u>h</u>l gema<u>h</u>len

die **Mul|de,** die Mulden

der **Müll,** der Mülleimer

der **Mül|ler**, die Müller

die **Mul|ti|pli|ka|ti|on**

der **Mumps**

„Guten Morgen!" in Europa

TR: Merhaba!; ***I***: Buongiorno! *(buon d~~seh~~ornoh)*; ***DK***: God morgen! *(go' mån)*; ***GB***: Good morning! *(gud morning)*; ***F***: Bonjour! *(b~~on~~ ~~seh~~uhr)*; ***NL***: Goede morgen! *(guhde morchen)*; ***SKr***: Dobar dan!; ***E***: ¡Buenos días!

Muriel

der **Mund,** die Münder
mün|den, er mündete, die Mündung
die **Mund|har|mo|ni|ka,** die Mundharmonikas
münd|lich
die **Mu|ni|ti|on**
mun|ter, die Munterkeit
die **Mün|ze,** die Münzen
mür|be
Muriel *(glänzende See – irischer Name)*
die **Mur|mel,** die Murmeln
mur|meln, sie murmelte
mur|ren, er murrte
das **Mus**
die **Mu|schel,** die Muscheln
das **Mu|se|um,** die Museen
die **Mu|sik,** musizieren, musikalisch
der **Mus|kel,** die Muskeln
die **Mu|ße,** müßig
müs|sen, er musste
das **Mus|ter,** die Muster, mustern
der **Mut,** mutig
die **Mut|ter**✿, die Mütter, mütterlich
die **Mut|ter** (für Schrauben), die Muttern
mut|wil|lig
die **Müt|ze,** die Mützen

die **Na|be,** die Naben
der **Na|bel,** die Nabel
nach dem Essen
nach|ah|men, er ahmte nach
der **Nach|bar,** die Nachbarn, die Nachbarschaft
je **nach|dem**
nach|ein|an|der
die **Nach|er|zäh|lung,** die Nacherzählungen
nach|ge|ben, nachgiebig
nach Hau|se gehen
nach|läs|sig, die Nachlässigkeit
der **Nach|mit|tag,** die Nachmittage (Hast du Probleme? → Kasten Abend)
die **Nach|richt,** die Nachrichten
nach|se|hen, die Nachsicht
nach|sit|zen
der **nächs|te** Tag

nächst

klein:
am nächsten ist ...
Anfang nächster Woche
nächstes Mal → mal
groß:
der Nächste, bitte!
als Nächstes gibt es ...
Liebe deinen Nächsten!
zusammen:
der nächstgelegene Ort
das nächstbeste Hotel

Nadine

die **Nächs|ten-lie|be**

die **Nacht***, die Nächte, über Nacht, der Nachtdienst (Hast du Probleme? → Kasten Abend)

der **Nach|teil,** die Nachteile, nachteilig

die **Nach|ti|gall,** die Nachtigallen

der **Nach|tisch** (beim Essen)

nach|träg|lich

der **Nacht|tisch** (am Bett), die Nachttische

die **Nach|zah|lung**

der **Na|cken,** die Nacken

nackt, nackend

die **Na|del,** die Nadeln

Nadine, Nadja, Nadeschda *(Hoffnung – Ursprung russisch)*

der **Na|gel,** die Nägel, nageln

na|gen, er nagte, das Nagetier

nah, na|he, näher, die Nähe, sich nähern

nä|hen, er nähte

näh|ren, ernähren

die **Nah|rung,** nahrhaft

das **Nah|rungs|mit|tel,** die Nahrungsmittel

die **Naht,** die Nähte

na|iv, die Naivität

der **Na|me***, die Namen

näm|lich

Nana, Nanna *(Name einer nordischen Göttin oder: Form von → Anna)*

Nancy *(englische Koseform zu → Anna)*

Nanette (→ Annette)

der **Napf,** die Näpfe

die **Nar|be,** die Narben

die **Nar|ko|se,** die Narkosen

der **Narr,** die Narren, närrisch

die **Nar|zis|se,** die Narzissen

na|schen, er naschte

die **Na|se,** die Nasen, das Nasenbluten, naseweis

das **Nas|horn,** die Nashörner

nass, die Nässe, nasskalt

das **Nas|tuch,** die Nastücher

Natalie, Nathalie, Natascha *(zu Weihnachten geboren – Ursprung römisch)*

> Die Germanen rechneten nach Nächten, nicht nach Tagen.
> Noch heute sagen die Engländer nicht „vierzehn Tage", sondern „14 Nächte": fourteen nights, kurz: fortnight (fortnait).
> Die Franzosen sagen: quinze jours (kins sehuhr) = 15 Tage.

Nick

die **Na|ti|on,** die Nationen, national

die **Na|tur,** natürlich

n. Chr. (= nach Christus)

der **Ne|bel,** die Nebel, neblig oder: nebelig

ne|ben, die Nebensache

ne|ben|ein|an|der

ne|cken, sie neckte

der **Nef|fe,** die Neffen

ne|ga|tiv, das Negativ

neh|men, sie nimmt, er nahm, hat genommen, nimm!

der **Neid,** neidisch, neidlos

nei|gen, sie neigte, die Neigung

nein / Nein* sagen, mit Nein antworten

die **Nek|ta|ri|ne,** die Nektarinen

die **Nel|ke,** die Nelken

Nelli, Nelly (→ Ellen, Helene, Eleonore)

nen|nen, er nannte

das **Ne|on|licht**

der **Nerv,** die Nerven

ner|vös, die Nervosität

die **Nes|sel,** die Nesseln

das **Nest,** die Nester

nett

net|to, der Nettolohn

das **Netz,** die Netze

neu*, das Neujahr*

> neu
>
> **klein:**
> das neue Jahr
> seit neuestem
> von neuem
>
> **groß:**
> immer aufs Neue
> das Neue Testament
> Das Neue verdrängt das Alte.
> Ich weiß etwas Neues.
> Was gibt es Neues?
> Das ist doch nichts Neues!

die **Neu|gier** oder: die Neugierde, neugierig

neu|lich

neun*, neunzehn, neunzig

(Hast du Probleme? → Kasten acht)

nicht*

die **Nich|te,** die Nichten

nichts, gar nichts

Nick, Niclas, Nico, Nicole, Nicolette (→ Nikolaus)

ni|cken, sie nickte

nie wieder!

nie|der, auf und nieder, die Niederung, die Niederlage

die **Nie|der|lan|de,** die Niederländer, niederländisch

Nie|der|sach|sen, die Niedersachsen, niedersächsisch

Nico

der **Nie|der|schlag,** die Nieder-schläge
nied|lich
nied|rig
nie|mals
nie|mand
die **Nie|re,** die Nieren
nie|seln, es nieselte
nie|sen, er nieste
die **Nie|te,** die Nieten (1. Los ohne Gewinn, 2. Metallstift)
Nikolaus, Niko, Nico, Niklaus, Niklas *(alter griechischer Name: Sieg + Volk)*
Englisch: **Nick, Nicolas, Nicholas** *(nickeleß)*
Französ.: **Nicolas** *(nicola)*
Italien.: **Nicóla, Nicoló**
Spanisch: **Nicolás**
Polnisch: **Mikołaj** *(míkouai)*

Frauennamen:
Französisch: **Nicole**
Italienisch: **Nicoletta, Nicolette**

das **Ni|ko|tin**
das **Nil|pferd,** die Nilpferde
Nils, Niels *(niederdeutsche und skandinavische Form von* → Nikolaus*)*
Nina *(Kurzform von Namen mit -nina)*
nir|gends, nirgendwo
die **Ni|sche,** die Nischen
nis|ten, er nistete
das **Ni|veau** (sprich: *niwoh*), die Niveaus
die **Ni|xe,** die Nixen
Noah *(Noah baute die biblische Arche.)*
noch, noch einmal, nochmal, nochmals
der **No|ma|de,** die Nomaden
das **No|men,** die Nomen
der **No|mi|na|tiv** (1. Fall)
die **Non|ne,** die Nonnen
Nora, Norina (→ Eleonore)
Norbert *(im Norden berühmt – alter deutscher Name)*
der **Nor|den,** der Nordpol
Nord|rhein-West|fa|len, die Nordrhein-Westfalen, nordrhein-westfälisch
die **Nord|see**
nör|geln, er nörgelte
die **Norm,** die Normen, normal
Norma *(göttliches Gebot – englischer Name römischer Herkunft)*
Nor|we|gen, die Norweger, norwegisch
die **Not,** die Nöte
die **No|te,** die Noten (1. in der Musik, 2. Zensur, 3. Banknote)

Odette

nö|tig
die **No|tiz,** die Notizen, notieren
not|wen|dig, die Notwendigkeit
der **No|vem|ber**
im **Nu**
nüch|tern
die **Nu|del,** die Nudeln
null Fehler, die Null

> null
>
> **klein:**
> null Fehler
> null Grad
> fünf Grad über null
> zwei zu null
>
> **groß:**
> eine Zahl mit drei Nullen
> Er ist eine Null.

die **Num|mer,** die Nummern
num|me|rie|ren, sie nummerierte
nun
nur
die **Nuss,** die Nüsse
der **Nut|zen,** wir nutzen es
nüt|zen, es nützte, nützlich
das **Ny|lon**

ob, obgleich
o|ben
der **O|ber,** die Ober
die **O|ber|flä|che,** die Oberflächen, oberflächlich
o|ber|halb
das **O|ber|haupt**
das **Ob|jekt,** die Objekte
die **Ob|la|te,** die Oblaten
das **Obst**
ob|wohl
der **Och|se,** die Ochsen
Octavia, Oktavia *(aus der berühmten Familie der Octavier – Ursprung römisch)*
Oda, Odette, Odile, Odilie, Odo *(alte deutsche Namen: Reichtum + Friede)*
ö|de
o|der
der **O|fen,** die Öfen
of|fen
of|fen|sicht|lich
öf|fent|lich
of|fi|zi|ell
der **Of|fi|zier,** die Offiziere
öff|nen, er öffnete, die Öffnung
oft

> Wenn in Holland ein Los „niet" gewinnt, ist es eine niet, in *D*: Niete, in *DK*: nitte, in *I*: biglietto non vincente *(biljetto non wintschente)* = Billet, das nicht gewinnt, und in *F*: mauvais numéro *(mowä nümehro)* = schlechte Nummer.

A B C D E F G H I J K L M N O P Q R S T U V W X Y Z

Oliver

oh|ne
die **Ohn|macht,** ohnmächtig
das **Ohr**✿, die Ohren
die **Ohr|fei|ge,** die Ohrfeigen
o|kay (kurz: o. k.)
die **Ö|ko|lo|gie**
der **Ok|to|ber**✿
das **Öl,** die Öle, ölen, ölig
Olaf, Olof, Oluf *(alter norwegischer Königsname)*
Ole (→ Ulrich)
Olga *(russische Form von* → Helga*)*
die **O|li|ve,** die Oliven
Oliver, Olivier, Olivia, Olli *(Olivenbaum – berühmter französischer Rittername)*
Olympia *(Frau vom Berg Olymp in Griechenland)*
die **O|lym|pi|a|de,** die Olympiaden, die Olympischen Spiele
die **O|ma**✿, die Omas
der **Om|ni|bus,** die Omnibusse
der **On|kel**✿, die Onkel oder: die Onkels
der **O|pa**✿, die Opas
die **O|per,** die Opern
die **O|pe|ra|ti|on,** die Operationen, operieren
das **Op|fer,** die Opfer, opfern
die **Op|tik,** der Optiker
der **Op|ti|mis|mus,** die Optimisten, optimistisch
o|ran|ge (Farbe)
die **O|ran|ge,** die Orangen
das **Or|ches|ter,** die Orchester
or|dent|lich, die Ordnung
ord|nen, sie ordnete
das **Or|gan,** die Organe
die **Or|ga|ni|sa|ti|on,** die Organisationen
or|ga|ni|sie|ren
die **Or|gel,** die Orgeln
sich **o|ri|en|tie|ren,** sie orientierte sich, die Orientierung
das **O|ri|gi|nal,** die Originale
der **Or|kan,** die Orkane
der **Ort,** die Orte, die Ortschaft, örtlich
Orthild, Ortlieb, Ortrud, Ortrun, Ortwin *(Ort hieß bei den Germanen die Spitze ihrer Waffen.)*
Oskar, Oscar *(alter deutsch-keltischer Name: Gott + Speer)*
der **Os|ten,** östlich
Os|tern, österlich
Ös|ter|reich, die Österreicher, österreichisch
die **Ost|see**
Otto *(Darin steckt ein germanisches Wort für Reichtum.)*
o|val
der **O|ze|an**

Pamela

ein **paar** Tage lang

das **Paar** Schuhe, zwei Paare, ein Pärchen

die **Pacht,** die Pachten, der Pächter, pachten

das **Päck|chen,** die Päckchen

pa|cken, sie packte, der Packen, die Packung

die **Pä|da|go|gik,** die Pädagogin, der Pädagoge

das **Pad|del,** die Paddel, paddeln

paf|fen, er paffte

das **Pa|ket,** die Pakete

der **Pakt,** die Pakte

der **Pa|last,** die Paläste

das **Pa|la|ver,** die Palaver, palavern

die **Pa|let|te,** die Paletten

die **Pa|li|sa|de,** die Palisaden

die **Pal|me,** die Palmen

Pamela *(die Dunkle – englischer Name griechischer Herkunft)*

die **Pam|pel|mu|se,** die Pampelmusen

die **Pa|nik,** panisch

die **Pan|ne,** die Pannen

der **Pan|ter / Pan|ther,** die Panter

der **Pan|tof|fel,** die Pantoffeln

die **Pan|to|mi|me,** die Pantomimen

der **Pan|zer,** die Panzer

der **Pa|pa***, die Papas

der **Pa|pa|gei,** die Papageien

das **Pa|pier,** die Papiere

die **Pap|pe,** die Pappen

die **Pap|pel,** die Pappeln

die **Pap|ri|ka**

der **Papst,** die Päpste

das **Pa|ra|dies,** die Paradiese

pa|ra|dox

der **Pa|ra|graf / Pa|ra|graph,** die Paragrafen

pa|ral|lel, die Parallele

der **Pa|ra|sit,** die Parasiten

pa|rat

das **Par|füm,** die Parfüms

pa|rie|ren, er parierte

der **Park,** die Parks oder: die Parke

par|ken, sie parkte

der **Park|platz,** die Parkplätze

das **Par|la|ment,** die Parlamente

> Parler *(parlee)* heißt *sprechen* auf Französisch. Zuerst gab es in England ein Parliament *(pahlement)*, in dem Volksvertreter miteinander sprachen. Später hatten die Franzosen ein parlement *(parleman)*, danach endlich auch wir Parlamente.

Paul

die **Pa|ro|le,** die Parolen
die **Par|tei,** die Parteien, parteiisch
das **Par|ter|re**
der **Part|ner,** die **Partnerin,** die Partner
die **Par|ty,** die Partys
Pascal, Pascale *(österlicher Mensch – französischer Name)*
der **Pass,** die Pässe (1. Personalausweis, 2. Bergübergang)
der **Pas|sa|gier,** die Passagiere
pas|sen, es passte
pas|sie|ren, es passierte
pas|siv
der **Pas|tor,** die Pastoren
der **Pa|te,** die Paten
das **Pa|tent,** die Patente
der **Pa|ti|ent,** die Patienten
Patrizia, Patricia, Pat, Patrice, Patsy, Patty, Patrick, Patrik *(von altem Adel – englischer Name, Ursprung römisch)*

die **Pa|tro|ne,** die Patronen
die **Pau|ke,** die Pauken, pauken
Paul *(kleiner Mensch – Ursprung römisch)*
Französisch: **Paul** *(poll)*
Englisch: **Paul** *(påhl)*
Italienisch: **Paolo**
Spanisch: **Pablo**
Niederländ.: **Paulus**
Dänisch: **Poul**
Polnisch: **Paweł** *(paweou)*
Frauennamen: **Paula, Pauline**
Französ.: **Paulette** *(polett)*
die **Pau|se,** die Pausen
pau|sen, er pauste, das Pauspapier
der **Pa|vi|an,** die Paviane
der **PC** (Personalcomputer)
das **Pech,** der Pechvogel
das **Pe|dal,** die Pedale
der **Pe|gel**
Peggy *(eine englische Form von* → Margarete*)*
die **Pein,** peinigen, der Peiniger, peinlich
die **Peit|sche,** die Peitschen
die **Pel|le,** die Pellen, pellen
Pelle *(schwedisch:* → Peter*)*

Bei uns hieß das Wort Geißel. Für Polen war und ist es bicz *(bitsch)*, für Tschechen, die deutschen Sorben und andere: bič *(bitsch)*. In Ostdeutschland übernahm man das Wort und sagte pitsche. Heute heißt es in ganz Deutschland: Peitsche.

A B C D E F G H I J K L M N O **P** Q R S T U V W X Y Z

Penny

der **Pelz,** die Pelze
das **Pen|del,** die Pendel, pendeln, die Pendler
der **Pe|nis,** die Penisse
Penny
(englische Kurzform des berühmten griechischen Namens Penelope)
die **Pen|si|on,** die Pensionen
per|fekt
das **Per|fekt**
die **Pe|ri|o|de,** die Perioden
die **Per|le,** die Perlen
das **Per|lon**
Perry *(der Fremde – Ursprung römisch)*
die **Per|son,** die Personen, die Persönlichkeit, persönlich
das **Per|so|nal**
die **Pe|rü|cke,** die Perücken
der **Pes|si|mis|mus,** der Pessimist, pessimistisch
Peter, Pete, Pit, Pitt, Piet
(Fels – Ursprung griechisch)
Englisch: **Peter** *(pieta)*
Französisch: **Pierre** *(piähr)*
Dänisch: **Peer, Peder**
Spanisch: **Pedro**
Italienisch: **Pietro** *(piätro)*, **Piero** *(piäro)*
Polnisch: **Piotr**
Niederländ.: **Piet, Pieter**
Frauenname: **Petra**

die **Pe|ter|si|lie**
das **Pe|tro|le|um**
pet|zen, sie petzte
der **Pfad,** die Pfade
der **Pfahl,** die Pfähle
die **Pfalz,** die Pfälzer, pfälzisch
das **Pfand,** die Pfänder, pfänden
die **Pfan|ne,** die Pfannen
der **Pfar|rer,** die Pfarrer
der **Pfau,** die Pfauen
pfau|chen, er pfauchte
der **Pfef|fer,** pfeffern
die **Pfef|fer|min|ze**
die **Pfei|fe,** die Pfeifen
der **Pfeil,** die Pfeile
der **Pfei|ler,** die Pfeiler
der **Pfen|nig,** die Pfennige
das **Pferd,** die Pferde
der **Pfiff,** die Pfiffe
der **Pfif|fer|ling,** die Pfifferlinge
pfif|fig
Pfings|ten
der **Pfir|sich,** die Pfirsiche
die **Pflan|ze,** die Pflanzen, pflanzen
das **Pflas|ter,** die Pflaster (1. Wundpflaster, 2. Steinpflaster)
die **Pflau|me,** die Pflaumen
pfle|gen, sie pflegte, die Pflege
die **Pflicht,** die Pflichten
pflü|cken, er pflückte

Pia

der **Pflug,** die Pflüge, pflügen
die **Pfor|te,** die Pforten, der Pförtner
der **Pfos|ten,** die Pfosten
die **Pfo|te,** die Pfoten
der **Pfrop|fen,** die Pfropfen
pfui
das **Pfund,** die Pfunde (Pfd.)
pfu|schen, er pfuschte
die **Pfüt|ze,** die Pfützen
die **Phan|ta|sie,** phantastisch
das **Phan|tom,** die Phantome
Philipp, Philippe, Philip, Phil, Felipe *(Pferdefreund – Ursprung griechisch)*
Frauennamen: **Philippine, Philippa**
das **Pho|to,** photografieren
die **Phy|sik,** physikalisch
Pia *(die Fromme – Ursprung römisch)*
der **Pi|ckel,** die Pickel
pi|cken, es pickte
das **Pick|nick**
pie|pen, es piepte
piep|sen, es piepste
pi|kant
der **Pil|ger,** die Pilger
die **Pil|le,** die Pillen
der **Pi|lot,** die **Pilotin,** die Piloten

der **Pilz,** die Pilze
der **Pin|gu|in,** die Pinguine
pink, pinkfarben
die **Pinn|wand**
der **Pin|sel,** die Pinsel, pinseln
die **Pin|zet|te,** die Pinzetten
der **Pi|rat,** die Piraten
pir|schen, er pirschte, die Pirsch
die **Pis|te,** die Pisten
die **Pis|to|le,** die Pistolen
die **Piz|za,** die Pizzen oder: die Pizzas
die **Pla|ge,** die Plagen, sich plagen
das **Pla|kat,** die Plakate
die **Pla|ket|te,** die Plaketten
der **Plan,** die Pläne
die **Pla|ne,** die Planen
pla|nen, er plante
der **Pla|net,** die Planeten
plan|schen / plant|schen, er planschte / plantschte
plap|pern, er plapperte
plär|ren, es plärrte
der **Plast** oder: die Plaste
die/das **Plas|tik**
plät|schern, sie plätscherte
platt
das **Platt,** er spricht Platt
die **Plat|te,** die Platten
der **Plat|te,** er hat einen Platten

Philipp

plät|ten, er plättete
der **Platz,** die Plätze
das **Plätz|chen,** die Plätzchen
plat|zen, es platzte
plau|dern, sie plauderte, die Plauderei
das **Play-back/Play|back**
die **Plei|te,** die Pleiten, er ist pleite, er macht Pleite
die **Plom|be,** die Plomben (1. Versiegelung, 2. Zahnfüllung)
plom|bie|ren, er plombierte
plötz|lich
plump
plump|sen, es plumpste
der **Plun|der**
plün|dern, er plünderte, die Plünderung
der **Plu|ral**
plus
po|chen, sie pochte
die **Po|cke,** die Pocken
das **Po|di|um,** die Podien
die **Po|e|sie,** das Poesiealbum
der **Po|kal,** die Pokale
der **Pol,** die Pole
Po|len, die Polen, polnisch
po|lie|ren, er polierte
die **Po|li|tik,** die Politiker, politisch
die **Po|li|zei,** der Polizist, die Polizistin
der **Pol|len,** die Pollen
das **Pols|ter,** die Polster, polstern
pol|tern, er polterte
Pom|mern, die Pommern, pommerisch (auch: pommersch)
die **Pom|mes** (Pommes frites, sprich: *pomm friet*)
das **Po|ny,** die Ponys (1. Pferdchen, 2. Pferdchenfrisur)
der **Pop,** die Popmusik
der **Po|po,** die Popos
po|pu|lär, die Popularität
die **Po|re,** die Poren
das **Port|mo|nee/Porte|mon|naie,** die Portmonees
der **Por|tier** (sprich: *portjee*), die Portiers
die **Por|ti|on,** die Portionen

Französisch heißt porte: *trage!* Und monnaie heißt *Kleingeld.* Das Ding, in dem man sein Geld mit sich trägt, heißt Portemonnaie *(portmonnä)*. – Porte ist aber auch der französische Name für *Tür* und *Tor*. Darum heißt der Türwächter Portier *(portjee)*.

Primo

das **Por|to,** die Porti
das **Por|trät** (auch: das Portrait), die Porträts
Por|tu|gal, die Portugiesen, portugiesisch
das **Por|zel|lan**
po|si|tiv
die **Post**✿, die Postboten
der **Pos|ten,** die Posten
das **Pos|ter,** die Poster
die **Pracht,** prächtig
das **Prä|di|kat,** die Prädikate
prä|gen, er prägte
prah|len, er prahlte
prak|tisch
die **Pra|li|ne,** die Pralinen
prall
die **Prä|mie,** die Prämien
die **Pran|ke,** die Pranken
das **Prä|sens**
der **Prä|si|dent,** die **Präsi-dentin,** die Präsidenten
pras|seln, es prasselte
die **Pra|xis,** die Praxen
prä|zis oder: präzise
pre|di|gen, er predigte, die Predigt
der **Preis**✿, die Preise
die **Prei|sel|bee|re,** die Preiselbeeren
prei|sen, er pries
die **Prel|lung,** prellen
die **Pres|se** (Zeitungswesen)
pres|sen, sie presste, die Presse
der **Pries|ter,** die Priester
pri|ma
die **Pri|mel,** die Primeln
Primo *(italienisch: der Erste)*
der **Prinz,** die **Prinzessin**
Prisca *(von alter Art – Ursprung römisch)*
pri|vat
die **Pro|be,** die Proben
pro|bie|ren, sie probierte
das **Pro|blem,** die Probleme
pro|du|zie|ren, sie produzierte, das Produkt
der **Pro|fes|sor,** die **Profes-sorin**, die Professoren
das **Pro|gramm,** die Programme
prompt
das **Pro|no|men,** die Pronomen
der **Pro|pel|ler,** die Propeller
der **Pro|phet,** die Propheten

Die erste Post in Europa war einst eine Pferdepost in Italien und hieß posta. Heute ist Post international.
GB, NL, DK: post; ***F:*** poste; ***TR, I:*** posta; ***PL:*** poczta; ***CZ:*** pošta
Aber Spanisch: correos, und Griechisch sagt man: *tachidromío.*

Prisca

der **Pro|spekt,** die Prospekte
der **Pro|test,** die Proteste, protestieren
die **Pro|the|se,** die Prothesen
das **Pro|to|koll,** die Protokolle
das **Pro|zent,** die Prozente
der **Pro|zess,** die Prozesse
prü|fen, sie prüfte, die Prüfung
prü|geln, er prügelte, die Prügel, die Prügelei
die **Pu|ber|tät**
der **Pud|ding,** die Puddinge oder: die Puddings
der **Pu|del,** die Pudel
der **Puf|fer,** die Puffer
der **Pul|lo|ver,** die Pullover
der **Puls,** die Pulse
das **Pult,** die Pulte
das **Pul|ver,** die Pulver
die **Pum|pe,** die Pumpen, pumpen
der **Punkt,** die Punkte
pünkt|lich
die **Pu|pil|le,** die Pupillen
die **Pup|pe**✿, die Puppen
pur|zeln, sie purzelte
pus|ten, er pustete
put|zen, er putzte, der Putz
der **Py|ja|ma,** die Pyjamas
die **Py|ra|mi|de,** die Pyramiden

das **Qua|drat,** die Quadrate, quadratisch
qua|ken, sie quakte
die **Qual,** die Qualen
quä|len, er quälte
die **Qua|li|tät,** die Qualitäten
die **Qual|le,** die Quallen
der **Qualm,** qualmen
der **Quark**
das **Quar|tett,** die Quartette
das **Quar|tier,** die Quartiere
der **Quarz,** die Quarze
quas|seln, sie quasselte
die **Quas|te,** die Quasten
der **Quatsch**
quat|schen, sie quatschte
das **Queck|sil|ber**
die **Quel|le,** die Quellen
quel|len, es quoll, ist gequollen
quer, der Querschnitt, querbeet, querfeldein
quet|schen, er quetschte, die Quetschung
quie|ken, es quiekte
quiet|schen, es quietschte
der **Quirl,** die Quirle, quirlen
die **Quit|tung,** die Quittungen, quittieren, wir sind quitt
das **Quiz**
die **Quo|te,** die Quoten

Rainer

A B C D E F G H I J K L M N O P Q R S T U V W X Y Z

der **Ra|batt,** die Rabatte
der **Ra|bau|ke,** die Rabauken
der **Ra|be,** die Raben
Rabea *(Frühling – Ursprung arabisch)*
die **Ra|che,** rächen, der Rächer
der **Ra|chen,** die Rachen
das **Rad,** die Räder, der Radfahrer, er fährt Rad
der/das **Ra|dar,** die Radarfalle
ra|die|ren, sie radierte, der Radiergummi
das **Ra|dies|chen,** die Radieschen
ra|di|kal
das **Ra|dio,** die Radios
Raffael (→ Raphael)
raf|fi|niert
ra|gen, es ragte
das **Ra|gout,** die Ragouts
Rahel, Rachel *(Schäfchen – Name aus der Bibel)*
der **Rahm**
der **Rah|men,** die Rahmen
Raimar (→ Reimar)
Raimund, Raymund, Reimund *(alter deutscher Name: Rat + Schutz)*
Rainer, Reiner *(alter deutscher Name: Rat + Heer)*

sich **rä|keln,** sie räkelte sich
die **Ra|ke|te,** die Raketen
Ralf, Ralph *(englische Form eines alten deutschen Namens: Ratgeber + Wolf)*
die **Ral|lye** (englisch; sprich: *rällie*), die Rallyes
ram|men, er rammte
Ramón, Ramona (→ Raimund)
die **Ram|pe,** die Rampen
der **Rand,** die Ränder
ran|da|lie|ren, er randalierte, die Randale
der **Rang,** die Ränge
ran|geln, die Rangelei
die **Ran|ke,** die Ranken
der **Ran|zen,** die Ranzen
ran|zig
Raoul *(französische Form von →* Ralf*)*
Raphael, Raffael, Rafael, Raphaela *(Gott heilt – Name aus der Bibel)*
der **Rap|pe,** die Rappen
der **Raps**
rar
rasch
ra|scheln, es raschelte
ra|sen, er raste
der **Ra|sen,** die Rasen
ra|sie|ren, er rasierte
die **Ras|pel,** die Raspeln, raspeln

Rebecca

die **Ras|se,** die Rassen
die **Ras|sel,** die Rasseln, rasseln
die **Rast,** die Rasten, rasten
die **Rast|stät|te,** die Raststätten
der **Rat,** die Ratschläge, raten
die **Ra|te,** die Raten
ra|ten, er rät, er riet
die **Ra|ti|on,** die Rationen
das **Rät|sel,** die Rätsel
die **Rat|te,** die Ratten
rat|tern, es ratterte
rau, der Raureif
der **Raub,** rauben, der Räuber, das Raubtier
der **Rauch,** rauchen, die Raucher
räu|chern, er räucherte
rau|fen, er raufte
der **Raum,** die Räume, räumen, das Raumschiff
die **Rau|pe,** die Raupen
rau|schen, es rauschte
sich **räus|pern,** er räusperte sich
die **Raz|zia,** die Razzien
re|a|gie|ren, sie reagierte

die **Re|al|schu|le,** die Realschulen
die **Re|be,** die Reben
Rebecca, Rebekka *(die Interessante – Name aus der Bibel)*
der **Re|chen,** die Rechen
rech|nen, sie rechnete, das Rechnen, die Rechnung
recht

> recht/Recht
>
> **klein:**
> jetzt erst recht
> Das ist mir recht.
> Ihm kann man nichts recht machen.
> Das ist nur recht und billig.
> Das geschieht dir recht.
>
> **groß:**
> Ich habe Recht.
> Sie behält Recht.
> Er bekommt Recht.

rechts✿ und links
der **Rechts|an|walt,** die **Rechtsanwältin,** die Rechtsanwälte
die **Recht|schrei|bung**
recht|zei|tig

> **„Lautmalerei" bei rascheln:** Viele Geräusche heißen so, wie sie klingen. (Flüstere jedes Wort mehrmals!) ***GB:*** rustle (*raßl*); ***DK:*** rasle (*räßle*); ***NL:*** ritselen; ***PL:*** szeleścić (*scheleschtschitsch*); ***TR:*** hısırdamak; ***E:*** susurrar; ***CZ:*** zachrastit (*sachrastjit*)

Regina

das **Reck,** die Recks
re|cken, sie reckte
re|den, sie redete, die Rede, der Redner
red|lich
re|for|mie|ren, sie reformierte, die Reform, die Reformation
das **Re|gal,** die Regale
re|ge
die **Re|gel,** die Regeln
re|gel|mä|ßig
re|geln, er regelte, die Regelung
re|gel|recht
sich **re|gen,** sie regte sich, die Regung
der **Re|gen,** regnen
re|gie|ren, er regierte, die Regierung
Regina *(Königin – Ursprung römisch)*
reg|nen, es regnete, der Regen
das **Reh,** die Rehe
rei|ben, sie rieb, die Reibe, die Reibung
reich, der Reichtum
das **Reich,** die Reiche
der **Rei|che,** die Reichen
rei|chen, es reichte
reich|hal|tig, reichlich

reif, reifen, die Reife
der **Reif** (Ring), die Reife
der **Reif** (Raureif)
der **Rei|fen,** die Reifen
die **Rei|he,** die Reihen
der **Reim,** die Reime, reimen
Reimar, Raimar, Reimer *(alter deutscher Name: Rat + berühmt)*
rein, die Reinheit
Reinhard, Reinhart *(alter deutscher Name: Rat + hart)*
Reinhild *(alter deutscher Name: Rat + Kampf)*
rei|ni|gen, die Reinigung
Reinold, Reinhold *(alter deutscher Name: Rat + herrschen)*
das **Reis,** die Reiser
rei|sen, er reiste ab, die Reise
das **Rei|sig**
rei|ßen, sie riss, hat gerissen, der Riss
rei|ten, er ritt, der Ritt
rei|zen, sie reizte, der Reiz, reizend
die **Re|kla|me**
der **Re|kord,** die Rekorde
der **Rek|tor,** die Rektoren
re|la|tiv
die **Re|li|gi|on,** die Religionen, religiös
die **Re|li|quie,** die Reliquien

René

rem|peln, er rempelte

Renate, Rena, René, Renée *(wiedergeborener Mensch – Ursprung römisch)*

ren|nen, er rannte, das Rennen

re|no|vie|ren, sie renovierte, die Renovierung

die **Ren|te,** die Renten

sich **ren|tie|ren,** es rentiert sich

der **Rent|ner,** die **Rentnerin,** die Rentner

re|pa|rie|ren, sie reparierte, die Reparatur

die **Re|por|ta|ge,** die Reportagen

der **Re|por|ter,** die **Reporterin,** die Reporter

das **Rep|til,** die Reptilien

die **Re|pu|blik,** die Republiken

die **Re|ser|ve,** die Reserven

re|ser|vie|ren, sie reservierte, die Reservierung

der **Re|spekt**

der **Rest,** die Reste

das **Re|stau|rant,** die Restaurants

das **Re|sul|tat,** die Resultate

ret|ten, sie rettete, die Rettung, die Retter

der **Ret|tich,** die Rettiche

die **Reue,** reuen, es reute mich, reumütig

das **Re|vier,** die Reviere

die **Re|vo|lu|ti|on,** die Revolutionen

das **Re|zept,** die Rezepte

der **Rha|bar|ber**

der **Rhein**

Rhein|land-Pfalz, die Rheinland-Pfälzer, rheinland-pfälzisch

der **Rhyth|mus,** die Rhythmen

Ria (→ Maria)

Richard, Ricardo, Riccardo, Ricarda *(alter deutscher Name: Herrscher + hart)*

rich|ten, er richtete, der Richter, die Richterin

rich|tig

die **Rich|tung,** die Richtungen

rie|chen, es roch

die **Rie|ge,** die Riegen

der **Rie|gel,** die Riegel

der **Rie|men,** die Riemen

der **Rie|se,** die Riesen, riesig

> Früher war nur Reiten schneller als Laufen. Als andere Möglichkeiten aufkamen, nannte man auch sie *reiten.* Auf Englisch heißt *Rad fahren* bis heute: ride a bicycle *(raid ä baißikl).* Und an flämischen Autobahnausfahrten steht: uitrit *(eutritt).*

Rita

rie|seln, es rieselte
Rike (→ Henrike, Ulrike usw.)
die **Ril|le,** die Rillen
das **Rind,** die Rinder
der **Ring,** die Ringe
rin|gen, er rang, hat gerungen, der Ringkampf
rings, ringsumher
die **Rin|ne,** die Rinnen
die **Rip|pe,** die Rippen
das **Ri|si|ko,** die Risikos oder: Risiken, riskieren, riskant
er **riss,** der Riss → reißen
Rita *(ital. Kurzform von Margherita = Margarete)*
der **Ritt,** die Ritte, rittlings
der **Rit|ter,** die Ritter, ritterlich
die **Rit|ze,** die Ritzen
rit|zen, er ritzte
Robert, Rupert *(alter deutscher Name: Ruhm + glänzend)*
Italienisch: **Roberto** (Mann), **Roberta** (Frau)
Französ.: **Robert** *(robähr)*
Englisch: **Robert** *(robbet)*, **Robin, Robby**

der **Ro|bo|ter,** die Roboter
rö|cheln, sie röchelte
der **Rock,** die Röcke
ro|deln, sie rodelte
ro|den, er rodete
Roger (→ Rüdiger)
der **Rog|gen**
roh, die Rohheit
das **Rohr,** die Rohre, die Röhre
röh|ren, der Hirsch röhrt
Roland *(alter deutscher Name: Ruhm + kühn)*
Rolf (→ Rudolf)
die **Rol|le,** die Rollen, rollen, der Roller, der Rollladen, die Rollerblades
das **Rol|lo,** die Rollos
der **Ro|man,** die Romane
Roman, Romana *(Mensch aus Rom – Ursprung römisch)*
ro|man|tisch
rönt|gen, der Arzt röntgt
die **Rönt|gen|un|ter|su|chung**
ro|sa, rosarot
Rosa, Rosalia, Rosi *(Rose – Ursprung römisch)*
die **Ro|se,** die Rosen, rosig
Rosemarie, Romi (→ Rosa, Maria)

Robota heißt polnisch *schwere körperliche Arbeit*. Tschechen sagen es ähnlich. Unsere Vorfahren lernten das Wort von den Polen. Schwere Arbeit für ihre Herren nannten sie robot. Heute nennen wir Maschinenmenschen Roboter.

A B C D E F G H I J K L M N O P Q R S T U V W X Y Z

Rudi

die **Ro|si|ne,** die Rosinen
das **Ross,** die Rosse oder: die Rösser
der **Rost** (rostiges Eisen), rosten, rostig
der **Rost** (Gitter), die Roste, rösten
Roswitha *(die Ruhmesstarke – alter deutscher Name)*
rot* (Hast du Probleme? → Kasten blau)
das **Ro|te Kreuz**
Rotraud *(alter deutscher Name keltischen Ursprungs)*
Roy *(der Rote – englischer Name keltischen Ursprungs)*
die **Rü|be,** die Rüben
Ruben *(Seht her, ein Sohn! – Name aus der Bibel)*
die **Ru|brik,** die Rubriken
der **Ruck,** rucken, ruckartig
rü|cken, sie rückte
der **Rü|cken***, die Rücken, die Rückfahrt, die Rückkehr, das Rücklicht, der Rucksack, der Rücktritt
die **Rück|sicht,** die Rücksichten, rücksichtslos
rück|wärts
der **Rü|de,** die Rüden
das **Ru|del,** die Rudel
das **Ru|der,** die Ruder, rudern, die Ruderer

Rüdiger *(alter deutscher Name: Ruhm + Speer)*
Rudolf, Rudolph, Rudi *(alter deutscher Name: Ruhm + Wolf)*
ru|fen, er rief, der Ruf
die **Rü|ge,** die Rügen, rügen
die **Ru|he,** ruhen, ruhig
der **Ruhm,** rühmen, berühmt
die **Ruhr,** das Ruhrgebiet
rüh|ren, er rührte, rührend
Ru|mä|ni|en, die Rumänen, rumänisch
der **Rumpf,** die Rümpfe
rümp|fen, sie rümpfte
rund, die Rundung, die Runde, der Rundfunk
run|ter
die **Run|zel,** die Runzeln
der **Rü|pel,** die Rüpel
rup|fen, er rupfte
der **Ruß,** rußen, rußig
der **Rüs|sel,** die Rüssel
Russ|land, die Russen, russisch
rüs|ten, er rüstete, die Rüstung, rüstig
die **Ru|te,** die Ruten
Ruth *(Freundin – Name aus der Bibel)*
die **Rut|sche,** die Rutschen
rut|schen, sie rutschte, rutschig
rüt|teln, er rüttelte

Sam

der **Saal,** die Säle
das **Saar|land,** die Saarländer, saarländisch
die **Saat,** die Saaten
Sabina, Sabine *(aus dem altberühmten Stamm der Sabiner – Ursprung römisch)*
Sabrina *(Name einer Nymphe – Ursprung englisch)*
die **Sa|che,** die Sachen, sachlich, die Sachkunde
Sach|sen, die Sachsen, sächsisch
Sach|sen-An|halt, die Sachsen-Anhalter
der **Sach|un|ter|richt**
der **Sack,** die Säcke
sä|en, er säte
der **Saft,** die Säfte, saftig
die **Sa|ge,** die Sagen
sa|gen, er sagte
sä|gen, sie sägte, die Säge
die **Sah|ne,** sahnig
die **Sai|son,** die Saisons
die **Sai|te,** die Saiten der Gitarre, aber: die → Seite
der **Sa|la|man|der,** die Salamander
die **Sa|la|mi,** die Salamis
der **Sa|lat,** die Salate
die **Sal|be,** die Salben, salben
Salome *(die Friedliche – Ursprung griechisch)*
der **Sa|lon,** die Salons
der **Sal|to,** die Saltos oder: die Salti
das **Salz,** die Salze, salzig
Sam, Sammy (→ Samuel)
Samantha *(die Zuhörende – amerikanischer Name, Ursprung biblisch)*
der **Sa|me** oder: der Samen, die Samen
sam|meln, sie sammelte, die Sammlung
der **Sams|tag***, die Samstage (Hast du Probleme? → Kasten Dienstag)
der **Samt**
sämt|lich, samt und sonders
Samuel *(von Gott erhört – Name aus der Bibel)*
das **Sa|na|to|ri|um,** die Sanatorien
der **Sand,** sandig
die **San|da|le,** die Sandalen
Sandra, Sandria, Sandrina (*italienische Kurzformen von* → Alessandra)
das **Sand|wich** (englisch; sprich: *ßänwitsch*), die Sandwiches oder: die Sandwiche
sanft, sanftmütig
der **Sän|ger,** die **Sängerin,** die Sänger

A B C D E F G H I J K L M N O P Q R S T U V W X Y Z

sa|nie|ren, er sanierte, die Sanierung

der **Sa|ni|tä|ter,** die Sanitäter

Sara, Sarah, Sarina *(Fürstin, Herrin – Name aus der Bibel)*

der **Sarg,** die Särge

Sascha *(russische Kurzform zu* → Alexander)

Saskia *(niederländischer Name: die Sächsin)*

der **Sa|tan**

der **Sa|tel|lit,** die Satelliten

die **Sa|ti|re,** die Satiren, satirisch

satt, gesättigt

der **Sat|tel,** die Sättel, satteln, der Sattler

der **Satz,** die Sätze

die **Sat|zung,** die Satzungen

die **Sau,** die Säue oder: Sauen

sau|ber*, die Sauberkeit

säu|bern, sie säuberte

die **Sau|ce** (französisch; sprich: *soße / sooß*), die Saucen

sau|er, die Säure

das **Sau|er|kraut**

der **Sau|er|stoff**

sau|fen, er soff, der Säufer

sau|gen, er saugte (auch: er sog)

das **Säu|ge|tier,** die Säugetiere

der **Säug|ling,** die Säuglinge

die **Säu|le,** die Säulen

der **Saum,** die Säume

die **Sau|na,** die Saunas oder: die Saunen

der **Sau|ri|er,** die Saurier

sau|sen, es sauste

die **S-Bahn,** die S-Bahnen

Scarlet, Scarlett *(englisch; eine Form zu Charles* → Karl*)*

Scha... siehe auch Cha..

scha|ben, er schabte

der **Scha|ber|nack**

schä|big

die **Scha|blo|ne,** die Schablonen

das **Schach,** das Schachspiel

der **Schacht,** die Schächte, ausschachten

die **Schach|tel,** die Schachteln

scha|de ist das!

der **Schä|del,** die Schädel

scha|den, er schadete, der Schaden

Das einst kostbare Salz heißt in den meisten Ländern Europas ähnlich: ***GB**: salt (ßålt); **F**: sel; **DK**: salt (sält); **NL**: zout (saut); **I**: sale; **E**: sal; **PL**: sól (ßul); **SKr**: sol (ßol); **CZ**: sůl; **TR**: tuz (tus); **GR**:* (sprich:) *aláti*

A B C D E F G H I J K L M N O P Q R S T U V W X Y Z

schä|di|gen, sie schädigte
schäd|lich
der **Schäd|ling,** die Schädlinge
das **Schaf,** die Schafe, der Schäfer, der Schäferhund
schaf|fen, er schaffte
der **Schaff|ner,** die **Schaffnerin,** die Schaffner
der **Schal,** die Schals oder: die Schale
die **Scha|le,** die Schalen
schä|len, sie schälte
der **Schall,** schallen
schal|ten, sie schaltete, der Schalter, die Schaltung
die **Scham,** sich schämen, schamlos
die **Schan|de,** schändlich
die **Schar,** die Scharen
scharf, die Schärfe, schärfen
der **Schar|lach**
schar|ren, es scharrte
das/der **Schasch|lik,** die Schaschliks
der **Schat|ten,** die Schatten, schattig
der **Schatz,** die Schätze
schät|zen, sie schätzte
schau|en, sie schaute, die Schau, das Schaufenster

Schatzi

der **Schau|er,** die Schauer, schauern
die **Schau|fel,** die Schaufeln, schaufeln
die **Schau|kel,** die Schaukeln, schaukeln
der **Schaum,** schäumen
schau|rig
der **Schau|spie|ler,** die **Schauspielerin,** die Schauspieler
der **Scheck,** die Schecks
die **Schei|be,** die Scheiben
die **Schei|de,** die Scheiden
schei|den, er schied, er ist geschieden, die Scheidung
der **Schein**
schein|bar fort (nicht in Wirklichkeit)
schei|nen, es schien
der **Schei|tel,** die Scheitel
schei|tern, sie scheiterte
die **Schel|le,** die Schellen
schel|len, es schellte
der **Sche|mel,** die Schemel
der **Schen|kel,** die Schenkel
schen|ken, sie schenkte, das Geschenk
die **Scher|be,** die Scherben
die **Sche|re,** die Scheren
die **Sche|re|rei,** die Scherereien
der **Scherz**, die Scherze, scherzen

Schirin

scheu,
scheuen,
die Scheu
scheu|chen,
sie scheuchte
scheu|ern, er scheuerte,
das Scheuertuch
die **Scheu|ne,** die Scheunen
das **Scheu|sal,** die Scheusale
scheuß|lich
der **Schi,** die Schier
die **Schicht,** die Schichten
schick
schi|cken, sie schickte
das **Schick|sal,** die Schicksale
schie|ben, er schob, der Schieber, die Schiebung
der **Schieds|rich|ter,**
die Schiedsrichter
schief
der **Schie|fer**
schie|len, er schielte
das **Schien|bein,**
die Schienbeine
die **Schie|ne,** die Schienen
schie|ßen, sie schoss, hat geschossen, der Schuss
das **Schiff,** die Schiffe,
der Schiffbruch, schiffbar

die **Schi|ka|ne,** die Schikanen, schikanieren
der **Schild** des Ritters,
die Schilde
das **Schild,** die Schilder
schil|dern, er schilderte,
die Schilderung
die **Schild|krö|te,**
die Schildkröten
das **Schilf**
der **Schim|mel,** die Schimmel (1. weißes Pferd, 2. Pilz)
schim|meln, es schimmelte, schimmelig oder: schimmlig
schim|mern, es schimmerte, der Schimmer
der **Schim|pan|se,**
die Schimpansen
schimp|fen, er schimpfte,
mit Schimpf und Schande
die **Schin|del,** die Schindeln
sich **schin|den,** er hat sich geschunden
der **Schin|ken,** die Schinken
die **Schip|pe,** die Schippen
Schirin *(persisch: die Süße)*
der **Schirm,** die Schirme
die **Schlacht,** die Schlachten

Als es noch keine Motoren gab, musste man über den Ozean mit Segelschiffen segeln. In englischen Häfen stand auf Tafeln, wann die Schiffe absegelten. So steht das heute noch auf den Fahrplänen: Schiffsabfahrten heißen sailing *(ßäiling)*.

schlach|ten, er schlachtete

die **Schla|cke,** die Schlacken

der **Schlaf,** der Schläfer

die **Schlä|fe,** die Schläfen

schla|fen, sie schlief, schläfrig, schlaflos

schlaff

schla|gen, er schlug, der Schlag, der Schläger, die Schlägerei

der **Schla|ger,** die Schlager

der **Schlamm,** schlammig

schlam|pig, die Schlamperei

die **Schlan|ge,** die Schlangen, Schlange stehen

sich **schlän|geln,** sie schlängelte sich

schlank

schlapp

das **Schla|raf|fen|land**

schlau, die Schlauheit, die Schläue

der **Schlauch,** die Schläuche

die **Schlau|fe,** die Schlaufen

schlecht, die Schlechtigkeit, schlecht gelaunt

schlei|chen, sie schlich

der **Schlei|er,** die Schleier, schleierhaft

die **Schlei|fe,** die Schleifen

schlei|fen, er schliff

Schlappi

der **Schleim,** schleimig

schlem|men, er schlemmte, der Schlemmer

schlen|dern, er schlenderte

der **Schlen|dri|an**

schlen|kern, sie schlenkerte

schlep|pen, sie schleppte, der Schlepper, die Schleppe

Schles|wig-Hol|stein, die Schleswig-Holsteiner, schleswig-holsteinisch

die **Schleu|der,** die Schleudern, schleudern

schleu|nig, schleunigst

die **Schleu|se,** die Schleusen, schleusen

schlicht

schlich|ten, er schlichtete, die Schlichtung

schlie|ßen, er schloss, geschlossen

schließ|lich

schlimm

die **Schlin|ge,** die Schlingen

der **Schlin|gel,** die Schlingel

schlin|gen, er schlang, hat geschlungen, die Schlingpflanze

der **Schlips,** die Schlipse

der **Schlit|ten,** die Schlitten

der **Schlitt|schuh,** die Schlittschuhe

Schlumpf

der **Schlitz,**
die Schlitze,
schlitzen
das **Schloss,**
die Schlösser
(1. Türschloss,
2. Königsschloss)
der **Schlos|ser,** die Schlosser
der **Schlot,** die Schlote
schlot|tern, es schlotterte
die **Schlucht,** die Schluchten
schluch|zen, er schluchzte
schlu|cken, er schluckte,
der Schluck
schlum|mern, sie schlummerte, der Schlummer
schlüp|fen, sie schlüpfte,
der Schlüpfer, schlüpfrig
schlur|fen, er schlurfte
schlür|fen, er schlürfte
der **Schluss,** die Schlüsse
der **Schlüs|sel,** die Schlüssel
schmäch|tig
schmack|haft
schmal, schmaler
das **Schmalz**
schmat|zen, er schmatzte
schmau|sen,
sie schmauste

schme|cken,
es schmeckte
schmei|cheln, er schmeichelte, der Schmeichler,
die Schmeichelei
schmei|ßen, sie schmiss,
hat geschmissen
schmel|zen, es schmilzt,
es schmolz, geschmolzen
der **Schmerz,** die Schmerzen,
schmerzen, schmerzlich,
schmerzhaft, schmerzlos
der **Schmet|ter|ling***,
die Schmetterlinge
schmet|tern,
er schmetterte
der **Schmied,** die Schmiede,
schmieden
schmie|ren, er schmierte,
die Schmiere, schmierig
die **Schmin|ke,** schminken
schmir|geln,
er schmirgelte
der **Schmö|ker,** die Schmöker,
schmökern
schmol|len, sie schmollte
schmo|ren, es schmorte
schmü|cken, sie
schmückte, der Schmuck

Früher glaubte man an Hexen, die sich in Schmetterlinge verwandelten und Milchrahm (Butter) naschten. Unsere Ahnen machten aus dem tschechischen Wort für Milchrahm: Schmetten. Englisch heißt *Schmetterling* butterfly – Butterfliege.

Schön-traud

schmug|geln, er schmuggelte, der Schmuggler
schmun|zeln, sie schmunzelte
schmu|sen, er schmuste
der **Schmutz,** schmutzig*
der **Schna|bel,** die Schnäbel
die **Schna|ke,** die Schnaken
die **Schnal|le,** die Schnallen, schnallen
schnal|zen, er schnalzte
schnap|pen, er schnappte
der **Schnaps,** die Schnäpse
schnar|chen, sie schnarchte
schnat|tern, er schnatterte
schnau|ben, er schnaubte
schnau|fen, er schnaufte
die **Schnau|ze,** die Schnauzen, schnauzen
sich **schnäu|zen,** er schnäuzte sich
die **Schne|cke,** die Schnecken
der **Schnee,** der Schneeball
das **Schnee|glöck|chen,** die Schneeglöckchen
schnei|den, er schnitt, der Schnitt
der **Schnei|der,** die **Schnei-derin,** die Schneider
schnei|en, es schneite
schnell*, am schnellsten, die Schnelligkeit
der **Schnip|sel,** die Schnipsel
der **Schnitt,** die Schnitte
die **Schnit|te,** die Schnitten
der **Schnitt|lauch**
das **Schnit|zel,** die Schnitzel, die Schnitzeljagd
schnit|zen, er schnitzte
der **Schnor|chel,** die Schnorchel
schnüf|feln, er schnüffelte
der **Schnup|fen,** schnupfen
schnup|pern, sie schnupperte
die **Schnur,** die Schnüre
schnü|ren, er schnürte, der Schnürsenkel
schnur|ge|ra|de
der **Schnurr|bart,** die Schnurrbärte
schnur|ren, sie schnurrte
die **Scho|ko|la|de***
die **Schol|le,** die Schollen (1. Erdscholle, 2. Plattfisch)

D: Schneeglöckchen; ***E:*** campanilla de las nieves *(campanija de las niäwes)* = Glöckchen des Schnees; ***GB:*** snowdrop *(ßnoudropp)* = Schneetropfen; ***F:*** perce-neige *(perß-nähsch)* = Schneedurchbohrer; ***I:*** bucaneve (= Schneelocher)

schon

schön

scho|nen, er schonte, die Schonung

Schorsch

Schöntraud *(moderne Neuschöpfung)*

schöp|fen, sie schöpfte, der Schöpfer, die Schöpfung

der **Schorn|stein,** die Schornsteine

der **Schorn|stein|fe|ger,** die Schornsteinfeger

Schorsch *(Kurzform von* → Georg*)*

der **Schoß,** die Schöße

der **Schot|ter**

schräg, die Schräge

die **Schram|me,** die Schrammen, schrammen

der **Schrank,** die Schränke

die **Schran|ke,** die Schranken

die **Schrau|be,** die Schrauben, schrauben

der **Schreck** oder: der Schrecken, schrecklich

der **Schrei,** die Schreie

schrei|ben, er schrieb, der Schreibtisch

schrei|en, er schrie, hat geschrien

der **Schrei|ner,** die Schreiner

schrei|ten, er schritt

die **Schrift,** die Schriften, der Schriftsteller, schriftlich

schrill

der **Schritt,** die Schritte

schroff

der **Schrott,** verschrotten

schrub|ben, er schrubbte, der Schrubber

schrump|fen, es schrumpfte

der **Schub,** die Schübe, die Schubkarre, die Schublade

schub|sen, er schubste, der Schubs

schüch|tern, die Schüchternheit

der **Schuft,** die Schufte

schuf|ten, sie schuftete

der **Schuh,** die Schuhe

die **Schuld,** die Schulden, schuldig

> ### schuld
>
> **groß**:
> Ich habe Schuld.
> Sie gibt ihm die Schuld.
>
> **klein**:
> Ich bin schuld.
> Sie war schuld.
>
> **getrennt/zusammen**:
> Er lässt sich nichts zu Schulden/zuschulden kommen.
> (Beides ist richtig!)

A B C D E F G H I J K L M N O P Q R S T U V W X Y Z

die **Schu|le***, die Schulen, die Schüler
die **Schul|ter,** die Schultern
schum|meln, sie schummelte
der **Schund**
die **Schup|pe,** die Schuppen
der **Schup|pen,** die Schuppen
die **Schür|ze,** die Schürzen
der **Schuss,** die Schüsse
die **Schüs|sel,** die Schüsseln
der **Schus|ter,** die Schuster
der **Schutt**
schüt|teln, sie schüttelte
schüt|ten, sie schüttete
schüt|zen, sie schützte, der Schutz
Schwa|ben, die Schwaben, schwäbisch
schwach, die Schwäche
der **Schwa|ger,** die **Schwägerin**
die **Schwal|be,** die Schwalben
der **Schwamm,** die Schwämme
der **Schwan,** die Schwäne
schwan|ger, die Schwangerschaft
schwan|ken, er schwankte
der **Schwanz,** die Schwänze
schwän|zen, sie schwänzte

Bastienne

der **Schwarm,** die Schwärme
schwarz*, die Schwarzen

> schwarz
>
> **klein**:
> sich schwarz ärgern
> schwarz auf weiß
> das schwarze Schaf
> die schwarze Liste
>
> **groß**:
> das Schwarze Meer
> ins Schwarze treffen
> (Hast du andere Probleme? → Kasten blau)

schwat|zen, er schwatzte, schwätzen, der Schwätzer
schwe|ben, sie schwebte
Schwe|den, die Schweden, schwedisch
der **Schwe|fel**
der **Schweif,** die Schweife
schwei|gen, er schwieg, der Schweiger
das **Schwein***, die Schweine, die Schweinerei
der **Schweiß**
schwei|ßen, er schweißte, der Schweißer
die **Schweiz,** die Schweizer, schweizerisch
schwe|len, es schwelte
die **Schwel|le,** die Schwellen
schwel|len, es schwoll
schwen|ken, er schwenkte

Sean

schwer, schwerhörig
das **Schwert,** die Schwerter
die **Schwes|ter**✿, die Schwestern
die **Schwie|ger|el|tern,** die Schwiegermutter, der Schwiegervater
schwie|rig, die Schwierigkeit
schwim|men, sie schwamm, geschwommen, die Schwimmer
schwin|deln, er schwindelte, der Schwindler
schwin|den, es schwand, ist geschwunden
schwind|lig oder: schwindelig, der Schwindel
schwin|gen, er schwang, hat geschwungen
schwir|ren, es schwirrte
schwit|zen, du schwitzt, er schwitzte
schwö|ren, er schwor
schwül, die Schwüle
der **Schwung,** die Schwünge
der **Schwur,** die Schwüre

Sean *(schån) (irische Form von* → Johannes)
Sebastian *(verehrungswürdig – Ursprung griechisch)*
Englisch: **Sebastian** *(ßibästjen)*
Italienisch: **Sebastiano, Bastiano**
Französ.: **Bastian** *(bast~~ian~~)* (Mann)
Bastienne *(bastjenn)* (Frau)
sechs✿, sechzehn, sechzig
der **See,** die Seen
die **See** (das Meer), seekrank
die **See|le,** die Seelen
das **Se|gel,** die Segel
se|geln, sie segelte
seg|nen, er segnete, der Segen
se|hen, sie sieht, sie sah, sieh mal!, aber: → sie
die **Seh|ne,** die Sehnen
sich **seh|nen,** er sehnte sich, die Sehnsucht
sehr✿, sehr gut
seicht
ihr **seid,** aber: → seit gestern

Nur bei den germanischen Völkern hieß der Vogel mit dem Gabelschwanz ähnlich. Man merkt es bis heute: ***GB***: swallow *(ßwållou)*; ***TR***: kırlangıç; ***DK***: svale *(swäle)*; ***I***: rondine; ***NL***: zwaluw *(swalü)*; ***PL***: jaskółka *(jaskuouka)*; ***E***: golondrina

A B C D E F G H I J K L M N O P Q R S T U V W X Y Z

Selina

die **Sei|de,** die Seiden, ein seidenes Kleid
die **Sei|fe**✿, die Seifen
das **Seil,** die Seile
sein✿, sein Heft
sein, froh sein
seit gestern, aber: ihr → seid
seit|dem
die **Sei|te,** die Seiten, aber: die → Saite
seit|lich, seit|wärts
der **Se|kre|tär,** die Sekretäre (1. verschließbares Schreibpult, 2. Schriftführer, Geschäftsführer)
die **Se|kre|tä|rin,** die Sekretärinnen, das Sekretariat
der **Sekt**
die **Sek|te,** die Sekten
die **Se|kun|de,** die Sekunden
sel|ber
selbst
selb|stän|dig/ selbst|stän|dig
die **Selbst|be|die|nung**
selbst|ver|ständ|lich
se|lig, die Seligkeit
Selina, Seline (→ Celina)
der/die **Sel|le|rie**
Selma *(alter deutscher Name: Gott + Helm)*
sel|ten, die Seltenheit
selt|sam
das **Se|mi|ko|lon,** die Semikolons
die **Sem|mel,** die Semmeln
der **Se|nat,** der Senator, die Senatorin
sen|den, er sandte, hat gesandt, die Sendung
der **Sen|der,** die Sender
der **Senf**
sen|ken, sie senkte, aber: → sinken
senk|recht
der **Senn,** die Sennerin
die **Sen|sa|ti|on,** die Sensationen, sensationell
die **Sen|se,** die Sensen
sen|si|bel
sen|ti|men|tal
der **Sep|tem|ber**✿
Seraphina, Seraphine *(Name eines Engels in der Bibel)*

Das Wort geheim
Römisch: secretus; ***I***: segreto, ***F***: secret *(ßekrä)*, ***GB***: secret *(ßiekret)*. Der britische Geheimdienst heißt secret service *(ßiekret ßörwiß)*. Und wir? Wir haben Sekretärinnen und zwei Arten Sekretäre.

Simon

Serena *(die Heitere – italienischer Name)*
die **Se|rie,** die Serien
die **Ser|pen|ti|ne,** die Serpentinen
die **Ser|vi|et|te,** die Servietten
der **Ses|sel,** die Sessel
set|zen, sie setzte
die **Seu|che,** die Seuchen
seuf|zen, er seufzte, der Seufzer
Sheila (schiela) *(englische Kurzform von* → Cäcilie*)*
der **She|riff,** die Sheriffs
Shirley (schörlie) *(Ursprung: englischer Ortsname)*
die **Show,** die Shows
Sibyl, Sibylle, Sibille, Sibilla *(Bei den alten Griechen waren Sibyllen Weissagerinnen.)*
sich
die **Si|chel,** die Sicheln
si|cher, sicherlich, die Sicherheit, die Sicherung, sicherheitshalber
si|chern, sie sicherte
die **Sicht,** sichtbar
si|ckern, es sickert
sie* kommt (aber: sieh!)
das **Sieb,** die Siebe, sieben

sie|ben*, siebzehn, siebzig (Hast du Probleme? → Kasten acht)
sie|den, es siedete, siedend heiß, der Siedepunkt
die **Sied|lung,** die Siedlungen, siedeln, die Siedler
der **Sieg,** die Siege, die Sieger, siegen, siegreich
Si(e)gbert, Si(e)gfried, Si(e)ghart, Si(e)gmar, Si(e)gmund, Sigismund, Si(e)gwald, Si(e)gward, Sigi (Männer)
Si(e)ghild, Si(e)glind(e), Si(e)grid, Sigrun (Frauen) *(alte deutsche Namen; sigu hieß bei den germanischen Völkern Sieg)*
das **Sie|gel,** die Siegel
sie|zen, er siezte sie
das **Sig|nal,** die Signale
die **Sil|be,** die Silben
das **Sil|ber,** silbern, silbrig, die Silbermedaille
Silke, Silja *(friesische Formen von* → Cäcilia*)*
der/das **Si|lo,** die Silos, die Silage
das/der **Sil|ves|ter**
Silvia *(sagenhafte Mutter der beiden Stadtgründer Roms)*
Simon, Simone *(Gott hat gehört – Ursprung griechisch)*

A B C D E F G H I J K L M N O P Q R S T U V W X Y Z

Sofie

Sina *(Kurzform von Rosina = die Rosenfarbige)*
wir **sind** froh
sin|gen, sie sang, hat gesungen
der **Sin|gu|lar**
sin|ken, sie sank, ist gesunken
der **Sinn,** die Sinne, sinnlos
die **Sint|flut**
die **Si|re|ne,** die Sirenen
der **Si|rup**
Sissy (→ Elisabeth)
die **Sit|te,** die Sitten
die **Si|tu|a|ti|on,** die Situationen
sit|zen, sie saß, hat gesessen, der Sitz, die Sitzung
die **Ska|la,** die Skalen oder: die Skalas
der **Skan|dal,** die Skandale
der **Skat**
das **Ske|lett,** die Skelette
der **Ski,** die Skier
die **Skiz|ze,** die Skizzen
der **Skla|ve,** die Sklaven
der **Smog,** der Smogalarm
so
so|bald
die **So|cke**✿ oder: der Socken, die Socken
der **So|ckel,** die Sockel
so|dass / so dass
so|eben
das **So|fa,** die Sofas
Sofie (→ Sophia)
so|fort
so|gar
so|ge|nannt / so ge|nannt
so|gleich
die **Soh|le,** die Sohlen der Schuhe, aber: die → Sole
der **Sohn,** die Söhne
so|lan|ge es dauert
die **So|lar|ener|gie**
solch, solche
der **Sold,** die Besoldung
der **Sol|dat,** die Soldaten
die **So|le** (Salzwasser), die Solen, aber: die → Sohle
sol|len, er sollte
das **So|lo,** die Solos oder: die Soli
Solveig *(Nordische Völker nannten Kampf: vig.)*
der **Som|mer,** die Sommer
son|der|bar

Suffa hieß das arabische Sitzkissen auf dem Kamel, später eine Polsterbank. Die Europäer machten den Luxus nach: Sofa/sofa *(D, GB, F)*, sofà *(I, E)*. – Das arabische Liegekissen hieß matrah. Die Italiener machten daraus materasso.

Sönke

son|dern
der **Song** (englisch; sprich: *ßong*), die Songs
Sonia, Sonja *(eine russische Form von* → Sophia*)*
Sönke *(friesisch: Söhnchen)*
der **Sonn|abend,** die Sonnabende (Hast du Probleme? → Kasten Dienstag)
die **Son|ne**✿, die Sonnen, sich sonnen, sonnig, die Sonnenblume
der **Sonn|tag**✿, die Sonntage (Hast du Probleme? → Kasten Dienstag)
sonst
so|oft es regnet, ...
Sophia, Sophie *(Weisheit – Ursprung griechisch)*
der **So|pran,** die Soprane
Sören *(der Weise – Ursprung griechisch)*
die **Sor|ge,** die Sorgen
sor|gen, er sorgte
die **Sorg|falt,** sorgfältig
die **Sor|te,** die Sorten
sor|tie|ren, sie sortierte
die **So|ße,** die Soßen
so|viel ich weiß (aber: so viel Geld)
so|wie, sowohl
so|zi|al
der **Spach|tel,** die Spachtel
die **Spa|get|ti/Spa|ghet|ti**
spä|hen, er spähte, der Späher
der **Spalt,** die Spalte
spal|ten, sie spaltete
der **Span,** die Späne
die **Span|ge,** die Spangen
der **Spa|ni|el,** die Spaniels
Spa|ni|en, die Spanier, spanisch
span|nen, sie spannte, gespannt sein
span|nend, die Spannung
spa|ren, sie sparte, die Sparer, die Sparsamkeit, die Sparkasse
der **Spar|gel,** die Spargel
spar|sam, die Sparsamkeit
der **Spaß**✿, die Späße, spaßen
spät, spätestens
der **Spa|ten,** die Spaten
der **Spatz,** die Spatzen
spa|zie|ren gehen, sie ging spazieren, der Spaziergang
der **Specht,** die Spechte
der **Speck,** speckig
der **Speer,** die Speere
die **Spei|che,** die Speichen
der **Spei|chel**
der **Spei|cher,** die Speicher, speichern
die **Spei|se,** die Speisen

spei|sen, sie speiste

die **Spen|de,** die Spenden, die Spender

spen|den, er spendete

der **Speng|ler,** die Spengler

der **Sper|ling,** die Sperlinge

sper|ren, sie sperrte, die Sperre, sperrig

der **Spe|zi|a|list,** die **Spezialistin,** die Spezialisten

die **Spe|zi|a|li|tät,** die Spezialitäten, spezial

spe|zi|ell

der **Spie|gel,** die Spiegel, spiegeln

spie|len, er spielte, das Spiel✿, die Spieler

der **Spieß,** die Spieße

der **Spi|nat**

die **Spin|ne,** die Spinnen

spin|nen, sie spann, hat gesponnen

der **Spi|on,** die Spione, spionieren

die **Spi|ra|le,** die Spiralen

der **Spi|ri|tus**

spitz, die Spitze

Stefan

der **Spitz,** die Spitze

der **Spit|zel,** die Spitzel

der **Split|ter,** die Splitter

split|tern, es splitterte

der **Spon|sor,** die Sponsoren

der **Sport,** die Sportler, sportlich, die Sportschau

der **Spott,** die Spötter

spot|ten, sie spottete

die **Spra|che,** die Sprachen, sprachlich, sprachlos

das/der **Spray,** die Sprays

spre|chen, er spricht, er sprach, hat gesprochen

sprei|zen, er spreizte

spren|gen, sie sprengte

das **Sprich|wort,** die Sprichwörter

sprie|ßen, es spross

sprin|gen, sie sprang, ist gesprungen

der **Sprin|ger,** die **Springerin,** die Springer

der **Sprit**

sprit|zen, es spritzte, der Spritzer, die Spritze

die **Spros|se,** die Sprossen

der **Spruch,** die Sprüche

der **Spru|del,** die Sprudel

GB: A bird in the hand is better than two in the bush. *(ä börd in ∂e händ is better ∂än tuu in ∂e busch)* ***E***: Mas vale pájaro en mano que cientos volando. *(... pácharo en mano ke ∂ientos..)* = Besser ein Vogel in der Hand als hundert fliegende. ***D***: ...

Stefanie

spru|deln, es sprudelte
sprü|hen, es sprühte
der **Sprung,** die Sprünge
spu|cken, sie spuckte, die Spucke
der **Spuk,** spuken, es spukte
die **Spu|le,** die Spulen, spulen
spü|len, er spülte, die Spülung, die Spüle
die **Spur,** die Spuren, spuren
spü|ren, sie spürte
der **Spurt,** die Spurts, spurten
sich **spu|ten,** sie sputete sich
der **Staat,** die Staaten, staatlich
der **Stab,** die Stäbe
sta|bil
der **Sta|chel,** die Stachel, stachlig oder: stachelig
das **Sta|di|on,** die Stadien
die **Stadt,** die Städte, städtisch
die **Staf|fel,** die Staffeln
der **Stahl,** die Stähle, stählern
der **Stall,** die Ställe
der **Stamm,** die Stämme
stam|meln, sie stammelte
stamp|fen, er stampfte, der Stampfer
der **Stand,** die Stände, der Ständer
stän|dig
die **Stan|ge,** die Stangen
der **Stän|gel,** die Stängel
stän|kern, er stänkerte
der **Sta|pel,** die Stapel, stapeln
stap|fen, er stapfte
der **Star** (Vogel), die Stare
der **Star** (Augenkrankheit)
der **Star** (Filmstar), die Stars
stark, die Stärke, stärken
starr, starren, die Starrheit
der **Start,** die Starts, starten
die **Sta|ti|on,** die Stationen
statt|des|sen / **statt dessen**
der **Stau,** die Staus
der **Staub,** es staubte, staubig
die **Stau|de,** die Stauden
stau|en, es staute
stau|nen, er staunte
ste|chen, sie sticht, er stach, hat gestochen
ste|cken, sie steckte, der Stecker

Stefan, Stephan, Steffen
(Kranz, Krone – Ursprung griechisch)
Italienisch: **Stefano**
Französ.: **Étienne** *(etienn)*
Englisch: **Steven** *(ßtiewn)*
Niederländ.: **Steven**
Ungarisch: **István** *(ischtwan)*
Frauennamen: **Stefanie, Stephanie, Stefana, Steffi, Stefania**

Stephan

der **Steg,** die Stege
ste|hen, sie stand
steh|len, sie stiehlt, er stahl, hat gestohlen
steif
stei|gen, sie stieg, die Steigung
stei|gern, er steigerte
steil
der **Stein,** die Steine, steinig, die Steinkohle
die **Stel|le,** die Stellen, die Stellung
stel|len, er stellte, die Stellung
die **Stel|ze,** die Stelzen
stem|men, er stemmte
der **Stem|pel,** die Stempel, stempeln
die **Ste|no|gra|fie / Ste|no|gra|phie**
Stephan (→ Stefan)
die **Stepp|de|cke,** die Steppdecken
die **Step|pe,** die Steppen
ster|ben, sie starb, ist gestorben
ste|reo hören, die Stereoanlage
ste|ril
der **Stern**✿, die Sterne
stets, stetig
die **Steu|er** (Abgabe), die Steuern
das **Steu|er** (zum Lenken), die Steuer, steuern
der **Ste|ward,** die Stewards
die **Ste|war|dess,** die Stewardessen
der **Stich,** die Stiche, das Stichwort, im Stich lassen
sti|cken, sie stickte, die Stickerei
sti|ckig
der **Stie|fel**✿, die Stiefel
die **Stief|el|tern**
die **Stie|ge,** die Stiegen
der **Stiel,** die Stiele
der **Stier,** die Stiere
stie|ren, er stierte
der **Stift,** die Stifte
stif|ten, sie stiftete, die Stifter, die Stiftung
still, in der Stille
die **Stim|me,** die Stimmen
stim|men, es stimmte

Ein Verwalter des Proviants auf Schiffen hieß in England steward *(ßtjuard)*. Als die Passagierschifffahrt begann, nannte man so auch die Betreuer der Passagiere. Das ist bis heute so geblieben.

Stine

die **Stim|mung,** die Stimmungen
Stine *(Kurzform von Namen mit der Endung -ine wie* → Christine...*)*
stin|ken, es stank, hat gestunken
die **Stirn,** die Stirnen
stö|bern, er stöberte
sto|chern, er stocherte
der **Stock,** die Stöcke
sto|cken, sie stockte
das **Stock|werk,** die Stockwerke, dreistöckig
der **Stoff,** die Stoffe
stöh|nen, er stöhnte
der **Stol|len,** die Stollen (1. Weihnachtsgebäck, 2. Schachtgang im Berg)
stol|pern, er stolperte
stolz sein, der Stolz
stol|zie|ren, er stolzierte
stop|fen, er stopfte
der **Stop|fen,** die Stopfen
die **Stop|pel,** die Stoppeln
stop|pen, er stoppte, der Stopp, die Stoppuhr
der **Stöp|sel,** die Stöpsel
der **Storch,** die Störche
stö|ren, sie störte, die Störung
stör|risch
die **Sto|ry,** die Storys

sto|ßen, er stieß, der Stoß
stot|tern, er stotterte
die **Stra|fe,** die Strafen, strafbar, sträflich
stra|fen, sie strafte
der **Strahl,** die Strahlen
strah|len, es strahlte, die Strahlung
die **Sträh|ne,** die Strähnen, strähnig
stramm
stram|peln, er strampelte
der **Strand,** die Strände, stranden
der **Strang,** die Stränge
die **Stra|pa|ze,** die Strapazen
die **Stra|ße***, die Straßen
sich **sträu|ben,** er sträubte sich
der **Strauch,** die Sträucher
der **Strauß,** die Sträuße
stre|ben, sie strebte, die Strebe, der Streber
die **Stre|cke,** die Strecken
stre|cken, er streckte
der **Streich,** die Streiche
strei|cheln, er streichelte
strei|chen, sie strich
das **Streich|holz,** die Streichhölzer
strei|fen, er streifte, die Streife
der **Strei|fen,** die Streifen, gestreift
der **Streik,** die Streiks, streiken

der **Streit,**
die Streiterei
strei|ten, er stritt
streng,
die Strenge
der **Stress,** stressig
streu|en, sie streute,
die Streu, der Streusel
der **Strich,** die Striche
der **Strick,** die Stricke
stri|cken, er strickte
das **Stroh,** der Strohhalm
der **Strolch,** die Strolche
der **Strom,** die Ströme,
die Strömung, strömen
die **Stro|phe,** die Strophen
strot|zen, er strotzte
strub|be|lig oder: strubblig
der **Stru|del,** die Strudel
der **Strumpf,** die Strümpfe
der **Strunk,** die Strünke
strup|pig
die **Stu|be,** die Stuben
das **Stück,** die Stücke, stückeln
der **Stu|dent,** die **Studentin**
stu|die|ren, er studierte,
das Studium
die **Stu|fe,** die Stufen
der **Stuhl**✿, die Stühle
die **Stul|le,** die Stullen
stül|pen, er stülpte
stumm
der **Stüm|per,** die Stümper
stumpf, der Stumpfsinn

der **Stumpf,** die Stümpfe
die **Stun|de,** die Stunden,
der Stundenplan, stündlich
stur, die Sturheit
der **Sturm,** die Stürme,
der Stürmer, stürmisch
stür|men, es stürmte
der **Sturz,** die Stürze
stür|zen, sie stürzte
die **Stu|te,** die Stuten
stut|zen, er stutzte, stutzig
stüt|zen, sie stützte,
die Stütze
das **Sub|jekt,** die Subjekte
das **Sub|stan|tiv,**
die Substantive
sub|tra|hie|ren,
sie subtrahierte
su|chen, er suchte,
die Suche
die **Sucht,** die Süchte
der **Sü|den,** südlich
die **Sum|me,** die Summen
sum|men, sie summte
der **Sumpf,** die Sümpfe,
sumpfig
die **Sün|de,** die Sünden,
der Sünder, sündigen
das **Su|per**(benzin), der
Supermarkt,
das ist super!
die **Sup|pe,** die Suppen
sur|fen (englisch; sprich:
ßörfen), sie surfte

Svenja

sur|ren, es surrte
Susanna, Susanne, Suse, Susi, Susy *(Lilie – Ursprung biblisch)*
Dänisch: **Susen**
Englisch: **Susan** *(ßuhsn)*, **Sue** *(ßuh)*
Franz.: **Suzanne** *(ßüsann)*, **Suzette** *(ßüsett)*
Poln.: **Zuzanna** *(susanna)*
Italienisch (kurz): **Susa**
süß*, süßen, die Süße, die Süßigkeit
Sven, Svend, Svenja *(junger Mensch – dänischer Königsname)*
Swanhild, Swantje, Swaantje *(alter deutscher Name: Schwan + Kampf)*
Sybill, Sybille (→ Sibylle)
Sylvia, Sylvie (→ Silvia)
das **Sym|bol,** die Symbole
die **Sym|pa|thie,** die Sympathien, sympathisch
das **Symp|tom,** die Symptome
das **Sys|tem,** die Systeme
die **Sze|ne,** die Szenen

der **Ta|bak**
die **Ta|bel|le,** die Tabellen
das **Ta|blett,** die Tabletts
die **Ta|blet|te,** die Tabletten
der **Ta|cho** (Tachometer), die Tachos
der **Ta|del,** die Tadel, tadeln, tadellos
die **Ta|fel,** die Tafeln
der **Tag***, die Tage, täglich, tagelang, tagsüber
der **Takt,** die Takte, taktlos
das **Tal,** die Täler
der **Ta|lar,** die Talare
das **Ta|lent,** die Talente
der **Talg**
der **Ta|lis|man**
die **Talk|show,** die Talkshows
Tamara *(Dattelpalme – russische Form eines hebräischen Namens)*
das **Tan|dem,** die Tandems
Tanja *(russische Kurzform von* → Tatjana*)*
der **Tank,** die Tanks
tan|ken, sie tankte, die Tankstelle, der Tanker
die **Tan|ne,** die Tannen
die **Tan|te***, die Tanten

Ein Wort wandert 3000 Jahre: Station 1: Zaubersachen nannten die alten Griechen *télesma*. Station 2: ***Arabisch:*** tilasman; Station 3: ***GB, F*** und ***E:*** talisman; Station 4: ***I:*** talismano. Von denen kam der vermeintliche Glücksbringer zu uns.

A B C D E F G H I J K L M N O P Q R S **T** U V W X Y Z

Tatjana

der **Tanz,** die Tänze, die Tänzer, tanzen
die **Ta|pe|te,** die Tapeten, tapezieren
tap|fer, die Tapferkeit
tar|nen, er tarnte, die Tarnung
die **Ta|sche,** die Taschen
die **Tas|se,** die Tassen
Tassilo, Thassilo, Tasso *(Eibenbaum – alter italienischer Name)*
die **Tas|te,** die Tasten, tasten
die **Tat,** die Taten, die Täter, die Tätigkeit, tätig
Tatjana, Tatiana *(russischer Name asiatischen Ursprungs, Bedeutung unklar)*
die **Tat|sa|che,** die Tatsachen
tat|säch|lich
tät|scheln, er tätschelte
die **Tat|ze,** die Tatzen
der **Tau** (auf der Wiese)
das **Tau** (starkes Seil), die Taue, das Tauziehen
taub, taubstumm
die **Tau|be,** die Tauben

tau|chen, sie tauchte, der Taucher
tau|en, es taute
die **Tau|fe,** die Taufen, taufen
tau|gen, es taugte nichts
tau|meln, sie taumelte
tau|schen, sie tauschte, der Tausch
täu|schen, er täuschte, die Täuschung
tau|send (Hast du Probleme? → Kasten acht)
Täve (→ Gustav)
die **Ta|xe** oder: das Taxi, die Taxen
Te... (siehe auch bei The...)
das **Team** (englisch; sprich: *tiem*), die Teams
die **Tech|nik,** die Techniken, die Techniker, technisch
Ted, Teddy *(englische Kurzform von →* Theodor*)*
der **Ted|dy,** die Teddys
der **Tee***, die Tees
der **Teer,** teeren
der **Teich,** die Teiche
der **Teig,** die Teige
der/das **Teil,** die Teile, teilen, die Teilung

Den Tee lernten die Europäer von den Chinesen kennen. Die sagten: *te*. Daraus wurde: **D**: Tee; **GB**: tea *(tie)*; **F**: thé *(tee)*; **I**: tè *(tä)*; **E**: té *(tee)*; **CZ**: čaj *(tschai)*; **NL**: thee *(tee)*; **TR**: çay *(tschai)*; **DK**: te *(tee)*; **GR**: (sprich:) *tsái*; **SKr**: čaj *(tschai)*

Theo

teil|neh|men, sie nahm teil, die Teilnahme
teil|wei|se
das **Te|le|fax**
das **Te|le|fon,** die Telefone, telefonieren, telefonisch
das **Te|le|gramm,** die Telegramme, telegrafieren
das **Te|le|skop,** die Teleskope
die **Te|le|vi|si|on** (TV)
der **Tel|ler,** die Teller
der **Tem|pel,** die Tempel
das **Tem|pe|ra|ment,** die Temperamente
die **Tem|pe|ra|tur,** die Temperaturen
das **Tem|po,** die Tempos oder: die Tempi
das **Ten|nis**
der **Te|nor,** die Tenöre
der **Tep|pich,** die Teppiche
Teresa, Tess, Tessa, Tessy (→ Theresa)
der **Ter|min,** die Termine
die **Ter|ras|se,** die Terrassen
der **Ter|ror,** der Terrorist
der **Test,** die Tests oder: die Teste, testen
das **Tes|ta|ment,** die Testamente
teu|er, noch teurer

der **Teu|fel,** die Teufel, die Teufelei, teuflisch
der **Text,** die Texte
die **Tex|ti|li|en**
Thea *(Kurzform von → Dorothea oder → Theresa)*
das **The|a|ter,** die Theater
die **The|ke,** die Theken
Thekla *(alter griechischer Name: Gott + Ruhm, Ehre)*
das **The|ma,** die Themen
Theodor, Theodora, Theodore, Theo *(Gottesgeschenk – Ursprung griechisch)*
die **The|o|lo|gie,** die Theologen
die **The|o|rie,** die Theorien, theoretisch
die **The|ra|pie,** die Therapien
Theresa, Therese, Thery, Thesi *(Frau von der Insel Thera – Ursprung griechisch)*
Englisch: **Teresa** *(teriesa)*, **Tess, Tessy**
Französ.: **Thérèse** *(teräs)*
Spanisch: **Teresa**
Italienisch: **Teresa**
Polnisch: **Teresa** *(teräßa)*
Tschech.: **Tereza** *(teresa)*
das **Ther|mo|me|ter,** die Thermometer
die **Ther|mos|fla|sche,** die Thermosflaschen

A B C D E F G H I J K L M N O P Q R S T U V W X Y Z

Thilo, Tilo *(Kurzformen von* → Dietrich, Diethelm, Dietmar*)*

Tina

Thomas, Tom *(Zwilling – Name aus der Bibel)*
Englisch: **Thomas** (tommeß), **Tommy**
Französ.: **Thomé**
Italienisch: **Tommaso**
Dänisch: **Thomas**
Polnisch: **Tomasz** (tomasch)
Tschechisch: **Toma**

Thorsten (→ Torsten)

der **Thron,** die Throne

Thü|rin|gen, die Thüringer, thüringisch

ti|cken, es tickte

tief, die Tiefe

das **Tier,** die Tiere

der **Ti|ger,** die Tiger

Tilde, Thilde, Tilla, Tilli, Tilly *(kurz für* → Hilde*)*

Till, Tillmann, Tilmann *(Koseformen von* → Dietrich, Diethelm, Dietmar*)*

Tim, Timo, Timm, Timmo *(Nebenformen von* → Dietmar*)*

Tina, Tine, Tini *(Kurzformen von Namen, die mit -ina enden:* → Christina, Bettina*)*

Tino *(Kurzform von italienischen und französischen Namen, die mit -ino enden, z. B.* → Valentino*)*

die **Tin|te,** die Tinten

der **Tipp,** die Tipps, tippen

der **Tisch***, die Tische

der **Tisch|ler,** die Tischler

der **Ti|tel,** die Titel

der **Toast,** die Toasts oder: die Toaste

to|ben, er tobte

Tobias, Tobi, Toby *(Gott ist gütig – Name aus der Bibel)*

die **Toch|ter,** die Töchter

der **Tod,** tödlich, todkrank, todmüde, todsicher (Achtung! Sieh auch unter tot nach!)

die **Toi|let|te,** die Toiletten

to|le|rant, die Toleranz

toll

tol|len, sie tollte

der **Toll|patsch,** die Tollpatsche

die **Toll|wut,** tollwütig

> Bei den Franzosen war toilette das Tuch, auf dem Kamm und Waschzeug lagen. Waschen, Kämmen usw. hieß: faire sa toilette (fähr ßa toalett) = seine Toilette machen. Weil man fürs Klo kein vornehmes Wort hatte, nannte man es ebenfalls so.

Tommy

Tom, Tommy (→ Thomas)
die **To|ma|te,** die Tomaten
die **Tom|bo|la,** die Tombolas
der **Ton,** die Töne
der **Ton** (Bodenart)
Toni, Tony (Mann oder Frau: → Anton)
Tonio, Tonia (→ Anton)
die **Ton|ne,** die Tonnen
der **Topf,** die Töpfe
das **Tor,** die Tore, der Torwart
der **Tor** (Narr), die Toren, töricht
der **Torf**
tor|keln, er torkelte
der **Tor|nis|ter,** die Tornister
Torsten *(dänischer Name: ein Germanengott hieß Thor)*
die **Tor|te,** die Torten
tot, die Toten, töten, totenstill, sich totlachen
to|tal
das/der **To|to,** der Totoschein
die **Tour,** die Touren
der **Tou|rist,** die **Touristin,** die Touristen
tra|ben, es trabte
die **Tracht,** die Trachten
die **Tra|di|ti|on,** traditionell
der **Tra|fo** (kurz für: Transformator), die Trafos
trä|ge, die Trägheit
tra|gen, sie trug, der Träger
tra|gisch, die Tragik
trai|nie|ren, er trainierte, die Trainer, das Training
der **Trak|tor,** die Traktoren
tram|peln, sie trampelte
tram|pen (sprich: *trämpen*), er trampte, die Tramper
das **Tram|po|lin**
die **Trä|ne,** die Tränen, die Augen tränen
der **Tran|sis|tor,** die Transistoren
das **Trans|pa|rent,** die Transparente
der **Trans|port,** die Transporte
das **Tra|pez,** die Trapeze
die **Trau|be,** die Trauben
Traude, Traudel *(Koseform von* → Gertraud *und* → Waltraud*)*
trau|en, sie traute mir
trau|ern, er trauerte, die Trauer
die **Trau|fe,** die Traufen
der **Traum,** die Träume, träumen
trau|rig✿, die Traurigkeit
die **Trau|ung,** die Trauungen
der **Tre|cker,** die Trecker
tref|fen, sie traf, hat getroffen, der Treffer
trei|ben, sie trieb

der **Trend,** die Trends
tren|nen, er trennte, die Trennung
die **Trep|pe,** die Treppen
der **Tre|sor,** die Tresore
tre|ten, sie tritt, er trat, der Tritt, tritt nicht daneben!
treu, die Treue, treulos
der/das **Tri|an|gel,** die Triangel
das **Tri|ath|lon**
das **Tri|bu|nal,** die Tribunale
die **Tri|bü|ne,** die Tribünen
der **Tri|but,** die Tribute
der **Trich|ter,** die Trichter
der **Trick,** die Tricks
trick|sen, er trickst
der **Trieb,** die Triebe
das **Tri|kot,** die Trikots
tril|lern, er trillerte, die Trillerpfeife
sich **trim|men,** er trimmt sich, der Trimmpfad
trin|ken, sie trank, hat getrunken
das **Trio,** die Trios
trip|peln, er trippelte

Tristan

Tristan *(Waffengeklirr – alter keltischer Name)*
der **Tritt,** die Tritte
der **Tri|umph,** die Triumphe, triumphieren
Trix, Trixa, Trixi *(Kurzform von* → Beatrix*)*
tro|cken, die Trockenheit
trock|nen, sie trocknete
der **Trö|del**
trö|deln, sie trödelte
die **Trom|mel,** die Trommeln
die **Trom|pe|te,** die Trompeten
die **Tro|pen**
trop|fen, es tropfte
der **Trop|fen,** die Tropfen
der **Trost,** trösten, trostlos
der **Trot|tel,** die Trottel
trotz des Regens
der **Trotz,** zum Trotz
trotz|dem
trot|zen, sie trotzte, trotzig
trüb, trübe
Trude, Trudel, Trudi (→ Traude)
die **Tru|he,** die Truhen
die **Trüm|mer**
der **Trumpf,** die Trümpfe
der **Trupp,** die Trupps

Ein *Geldschatz* heißt in ***F*** trésor, in ***I*** tesoro und in ***GB*** treasure *(tre~~sch~~er)*. Wir bewahren in einem Tresor Geld und andere Schätze auf. Auch in ***CZ*** heißt es: trezor. Aber in ***GB*** ist dessen Name safe *(säif)* = sicher; ***SKr:*** sef; ***PL:*** sejf …

die **Trup|pe,** die Truppen
tschau! (italienisch: ciao)
das **T-Shirt** (englisch; sprich: *tieschöhrt*), die T-Shirts
die **Tu|be,** die Tuben
das **Tuch,** die Tücher
tüch|tig, die Tüchtigkeit
die **Tü|cke,** die Tücken, tückisch
der **Tüm|pel,** die Tümpel
der **Tu|mult,** die Tumulte
tun, er tat, hat getan
tun|ken, er tunkte, die Tunke
der **Tun|nel,** die Tunnel oder: die Tunnels
tup|fen, sie tupfte, der Tupfer
die **Tür,** die Türen
die **Tur|bi|ne,** die Turbinen
die **Tür|kei,** die Türken, türkisch
der **Turm,** die Türme
tur|nen, sie turnte, der Turner
die **Tu|sche,** die Tuschen
tu|scheln, er tuschelte
die **Tü|te,** die Tüten
TV → Television
der **Typ,** die Typen, typisch

die **U-Bahn,** die U-Bahnen
ü|bel, das Übel, die Übelkeit, der Übeltäter
ü|ben, sie übte, die Übung
ü|ber
ü|ber|all
ü|ber|ein|an|der
ü|ber|fal|len, der Überfall
der **Ü|ber|fluss,** überflüssig
ü|ber|füllt
ü|ber|haupt
ü|ber|le|gen, die Überlegung
ü|ber|le|gen sein
ü|ber|lis|ten, er überlistete
ü|ber|mit|teln, die Übermittlung
ü|ber|mor|gen
der **Ü|ber|mut,** übermütig
ü|ber|nach|ten, sie übernachtete, die Übernachtung
ü|ber|que|ren, sie überquerte
ü|ber|ra|schen, er überraschte, die Überraschung
ü|ber|re|den, die Überredung
ü|ber|schwem|men, er überschwemmte, die Überschwemmung
ü|ber|set|zen, die Übersetzung
die **Ü|ber|sicht,** die Übersichten, übersichtlich

ü|ber|wei|sen,
sie überwies, die
Überweisung

Ulrike

ü|ber|zeu|gen,
sie überzeugte,
die Überzeugung
üb|lich
das **U-Boot,** die U-Boote
ü|brig
ü|bri|gens
die **Ü|bung,** die Übungen
Udo *(geerbtes Gut – alter deutscher Name)*
das **U|fer,** die Ufer
die **Uhr**✿, die Uhren
der **U|hu,** die Uhus
Ukw (Ultrakurzwelle)
Ulf *(Ulv heißt dänisch: Wolf.)*
der **Ulk,** ulkig
Ulla, Ula, Ursula, Ursel, Ursa, Ursine, Uschi *(Bär – Ursprung römisch)*
Ulrich, Uli, Ulli, Ulrik, Ulrike *(alter deutscher Name: Heimat + reich)*
um
um|ar|men, sie umarmte
um|dre|hen,
die Umdrehung

um|fan|gen, der Umfang
um|ge|ben, die Umgebung
um|ge|kehrt
um|hän|gen, der Umhang
um|her
um|keh|ren, die Umkehr
der **Um|laut,** die Umlaute
um|lei|ten, die Umleitung
der **Um|riss,** die Umrisse
der **Um|schlag,**
die Umschläge
um|so besser!
um|sonst
der **Um|stand,** die Umstände,
umständlich
der **Um|weg,** die Umwege
die **Um|welt,** die
Umweltverschmutzung
um|zie|hen, der Umzug
un|aus|steh|lich
un|be|dingt
und
un|end|lich,
die Unendlichkeit
un|ent|gelt|lich
un|ent|schie|den
un|er|hört
un|er|träg|lich
un|fair

Das alte griechische Wort *hora* für *Zeit* steckt in manchen Sprachen in *Stunde*, in anderen in *Uhr*. **GB**: hour *(aur)* = Stunde; **I**: orologio *(orolodscho)* = Uhr; **F**: heure *(öhr)* = Stunde; **NL**: horloge = Uhr; **E**: hora *(ora)* = Uhrzeit und Stunde; **D**: Uhr

Uwe

der **Un|fall***, die Unfälle
der **Un|fug**
Un|garn, die Ungarn, ungarisch
un|ge|fähr
das **Un|ge|heu|er,** die Ungeheuer
un|ge|nü|gend
un|ge|recht, die Ungerechtigkeit
un|ge|wiss, die Ungewissheit
das **Un|ge|zie|fer**
un|ge|zo|gen
das **Un|glück,** die Unglücke
un|glück|lich
un|gül|tig
un|heim|lich
die **U|ni|form,** die Uniformen
die **U|ni|ver|si|tät,** die Universitäten
das **Un|kraut,** die Unkräuter
das **Un|recht**
uns, unser, unsere
die **Un|schuld,** unschuldig
der **Un|sinn,** unsinnig
un|ten
un|ter
die **Un|ter|bre|chung,** die Unterbrechungen
un|ter|ein|an|der
die **Un|ter|füh|rung,** die Unterführungen
un|ter|hal|ten, die Unterhaltung
die **Un|ter|kunft,** die Unterkünfte
un|ter|rich|ten, der Unterricht
un|ter|schei|den, der Unterschied
un|ter|stüt|zen, die Unterstützung
un|ter|su|chen, die Untersuchung
un|ter|wegs
un|ter|wer|fen, die Unterwerfung, unterwürfig
un|ver|schämt, die Unverschämtheit
un|ver|ständ|lich
das **Un|wet|ter,** die Unwetter
un|zäh|lig
ur|alt
die **Ur|groß|el|tern**
der **U|rin**
die **Ur|kun|de,** die Urkunden
der **Ur|laub,** die Urlaube
die **Ur|sa|che,** die Ursachen
der **Ur|sprung,** die Ursprünge, ursprünglich
das **Ur|teil,** die Urteile, urteilen
der **Ur|wald,** die Urwälder
die **USA**
Uta, Utta, Ute (→ Udo)
Uve, Uwe, Uwo *(friesische Form von Namen wie* → Udo*)*

Valentin

Valentin, Valentino, Valentine, Valentina *(kräftig – Ursprung römisch)*
Valerie *(aus der berühmten Familie der Valerier – Ursprung römisch)*
der **Vam|pir,** die Vampire
Vanessa *(Name eines schönen Schmetterlings)*
die **Va|nil|le**
die **Va|se,** die Vasen
der **Va|ter**✿, die Väter, väterlich, das Vaterunser
der **Ve|ge|ta|ri|er,** die Vegetarier, vegetarisch
die **Ve|ge|ta|ti|on**
das **Veil|chen,** die Veilchen
das **Ven|til,** die Ventile
der **Ven|ti|la|tor,** die Ventilatoren
Vera *(Zuversicht – Ursprung russisch)*
ver|ach|ten, die Verachtung
die **Ve|ran|da,** die Veranden
ver|an|stal|ten, sie veranstaltete, die Veranstaltung
ver|ant|wor|ten, sie verantwortete, die Verantwortung, verantwortlich
das **Verb,** die Verben
der **Ver|band,** die Verbände

ver|bes|sern, er verbesserte, die Verbesserung
ver|beu|gen, die Verbeugung
ver|bie|ten, sie verbot
ver|bin|den, die Verbindung, der Verband
das **Ver|bot,** die Verbote
ver|brau|chen, der Verbrauch, die Verbraucher
das **Ver|bre|chen,** die Verbrecher
der **Ver|dacht,** verdächtigen, verdächtig
ver|dau|en, sie verdaute, die Verdauung
ver|de|cken, das Verdeck
ver|der|ben, es verdirbt, es verdarb, das Verderben
ver|die|nen, der Verdienst
ver|duns|ten, die Verdunstung
ver|dutzt
ver|eh|ren, die Verehrung
der **Ver|ein,** die Vereine
Verena *(die Scheue – Ursprung römisch)*
die **Ver|fas|sung,** die Verfassungen
ver|flixt
ver|fol|gen, die Verfolgung
die **Ver|gan|gen|heit**
ver|ge|ben, die Vergebung, vergeblich

ver|ges|sen, sie vergisst, er vergaß, vergiss nicht!

Veronika

ver|gess|lich

das **Ver|giss|mein|nicht**

ver|glei|chen, er verglich, der Vergleich

sich **ver|gnü|gen,** sie vergnügte sich, das Vergnügen

ver|grö|ßern, sie vergrößerte, die Vergrößerung

ver|haf|ten, er verhaftete, die Verhaftung

ver|hö|ren, das Verhör

ver|kau|fen, der Verkauf, der Verkäufer

der **Ver|kehr**

ver|kehrt

sich **ver|klei|den,** die Verkleidung

ver|lan|gen, er verlangte

ver|län|gern, er verlängerte, die Verlängerung

ver|let|zen, sie verletzte, die Verletzung

ver|lie|ren, er verlor

ver|lo|sen, sie verloste, die Verlosung

der **Ver|lust,** die Verluste

ver|mis|sen, sie vermisste

das **Ver|mö|gen,** die Vermögen

ver|mu|ten, er vermutete, die Vermutung, vermutlich

ver|nich|ten, er vernichtete, die Vernichtung

die **Ver|nunft,** vernünftig

Veronika, Verona, Veronique *(Siegbringerin – Ursprung griechisch)*

ver|pet|zen, sie verpetzte

ver|pfle|gen, die Verpflegung

ver|ra|ten, er verriet, der Verrat, der Verräter

ver|rei|sen, sie verreiste

ver|ren|ken, er verrenkte, die Verrenkung

ver|rückt, die Verrückten

der **Vers,** die Verse

ver|säu|men, er versäumte, das Versäumnis

das **Ver|se|hen,** aus Versehen

ver|sen|den, der Versand

ver|set|zen, die Versetzung

ver|si|chern, sie versicherte, die Versicherung

Holländischer Abzählvers: Donald Duckje zat op 't krukje, krak zei't krukje – weg was Donald Duckje! *(Donald Dückje satt opt krückje, krak säit krückje - wech was Donald Dückje!)* = Donald Dückchen saß auf'm Stühlchen, krach! sagt's Stühlchen – weg war Donald Dückchen.

Viktor

sich **ver|spä|ten,** er verspätete sich, die Verspätung
ver|spre|chen, er versprach, versprochen, das Versprechen
der **Ver|stand,** das Verständnis, verständlich
ver|ste|cken, das Versteck
ver|ste|hen, sie verstand
ver|su|chen, der Versuch, die Versuchung
ver|tei|di|gen, er verteidigte, die Verteidigung
der **Ver|trag,** die Verträge
ver|tra|gen, sie vertrug
ver|trau|en, das Vertrauen
ver|tre|ten, die Vertreter, die Vertretung
ver|un|glü|cken, sie verunglückte
ver|wah|ren, sie verwahrte
ver|wandt, die Verwandten, die Verwandtschaft
ver|wech|seln, die Verwechslung
ver|wel|ken, es verwelkte
ver|wen|den, die Verwendung
ver|wöh|nen, er verwöhnte
ver|wun|den, er verwundete, die Verwundung
das **Ver|zeich|nis,** die Verzeichnisse

ver|zei|hen, sie verzieh, die Verzeihung
ver|zich|ten, er verzichtete, der Verzicht
ver|zwei|feln, sie verzweifelte, die Verzweiflung
der **Vet|ter,** die Vettern
Vico *(Kurzform von Namen wie* → Ludovico*)*
Victor, Viktor, Victoria *(Sieger – Ursprung römisch)*
das **Vieh**
viel, aber: ich → fiel
viel|leicht
viel|mals
vier*, vierzehn, vierzig, das Viereck, viereckig
(Hast du Probleme? → Kasten acht)

viertel

klein:
um viertel acht
ein viertel Kilogramm
vor drei viertel Stunden

groß:
ein Viertel aller Kinder
um Viertel nach sieben
das erste Viertel

groß und zusammen:
eine Viertelstunde
ein Viertelkilogramm

Du kannst dir das nicht merken? Nicht schlimm! Die meisten Erwachsenen können es auch nicht!

Viktoria

Viktoria
(→ Victoria)
die **Vil|la,** die Villen
Vincenz,
Vincent, Vinzent,
Vincenzo *(Sieger – Ursprung römisch)*
Viola, Violetta, Violet
(Veilchen – Ursprung römisch)
vi|o|lett
die **Vi|o|li|ne,** die Violinen
das **Vi|ta|min,** die Vitamine
Vivian, Viviana, Vivien
(munter – Ursprung römisch)
der **Vo|gel***, die Vögel, die Vogelscheuche
der **Vo|kal,** die Vokale
das **Volk,** die Völker
Volkard, Volkart,
Volkhart *(alter deutscher Name: Kriegsvolk + hart)*
Volker *(alter deutscher Name: Kriegsvolk + Heer)*
Volkmar *(alter deutscher Name: Kriegsvolk + berühmt)*
Volko *(Kurzform zu Namen mit Volk-)*
voll, völlig, vollständig
vom ersten Tag an
von* Anfang an
vor|an
vor|aus|sicht|lich
vor|bei
der **Vor|der|fuß,** das Vorderrad
die **Vor|fahrt**
der **Vor|hang,** die Vorhänge
vor|her
vo|ri|ge Woche
vor|läu|fig
vor|laut
der **Vor|mit|tag,** die Vormittage
(Hast du Probleme? → Kasten Abend)
vorn
vor|nehm
der **Vor|rat,** die Vorräte
der **Vor|schlag,** die Vorschläge
die **Vor|schrift,** die Vorschriften
die **Vor|sicht,** vorsichtig
vor|stel|len, die Vorstellung
der **Vor|teil,** die Vorteile
vor|tragen, der Vortrag
vor|über, vorübergehend
vor|wärts
vor|wer|fen, der Vorwurf
der **Vul|kan,** die Vulkane

Nach dem römischen Blumennamen viola nannten die Franzosen ein kleines Veilchen violette und seine Farbe violet.
Die Farbbezeichnung übernahmen nicht nur wir:
DK, GB, NL: violet; ***PL:*** fioletowy; ***CZ:*** fialový; ***E:*** violeta; ***I:*** violetto

Waltraud

die **Waa|ge,** die Waagen
die **Wa|be,** die Waben
wa|chen, sie wachte, wach, wachsam
das **Wachs,** die Wachse
wach|sen, er wuchs
wa|ckeln, er wackelte
wack|lig oder: wackelig
die **Wa|de,** die Waden
die **Waf|fe,** die Waffen
die **Waf|fel,** die Waffeln
wa|gen, sie wagte
der **Wa|gen***, die Wagen
der **Wag|gon / Wa|gon,** die Waggons / Wagons
die **Wahl,** die Wahlen
wäh|len, sie wählte
der **Wahn|sinn,** wahnsinnig
wahr, die Wahrheit, aber: es → war
wäh|rend
wahr|schein|lich
die **Wäh|rung,** die Währungen
die **Wai|se,** die Waisen, aber: die → Weise
der **Wal,** die Wale
Walburga *(alter deutscher Name: herrschen + Burg)*
der **Wald,** die Wälder
Waldemar *(alter deutscher Name: herrschen + groß)*
der **Wall,** die Wälle
die **Wal|nuss,** die Walnüsse
Walter, Walther *(Heerführer – alter deutscher Name)*
Waltraud, Waltraut, Waldtraut *(alter deutscher Name: herrschen + Stärke)*
die **Wal|ze,** die Walzen
die **Wand,** die Wände
wan|dern, er wanderte, die Wanderung
wann
die **Wan|ne,** die Wannen
das **Wap|pen,** die Wappen
es **war** einmal, aber: → wahr
es **wä|re** schön, wenn ...
die **Wa|re,** die Waren
warm, die Wärme
war|nen, sie warnte, die Warnung
du **warst,** ihr wart
war|ten, sie wartete
der **Wär|ter,** die Wärter
war|um
die **War|ze,** die Warzen
was* heißt das?
wa|schen, er wäscht, sie wusch, die Wäsche
das **Was|ser***, wasserdicht
wa|ten, sie watete
wat|scheln, er watschelte
das **Watt** (1. Wattenmeer, 2. Leistung des elektrischen Stroms)

Walter

die **Wat|te**
das **WC,** die WCs
we|ben, er webte, die Weber, der Webrahmen
wech|seln, sie wechselte
der **Weck,** die Wecke
we|cken, sie weckte, der Wecker
we|deln, sie wedelte
we|der
geh **weg!**
der **Weg,** die Wege
we|gen
weg|neh|men
weg|wer|fen
weh, es tut weh, die Wehe
we|hen, es wehte
weh|ren, sie wehrte sich
das **Weh|weh|chen**
das **Weib,** die Weiber
weich
die **Wei|che,** die Weichen
wei|chen, sie wich
die **Wei|de,** die Weiden (1. Baum, 2. Viehweide)
sich **wei|gern,** sie weigerte sich, die Weigerung

die **Wei|he,** die Weihen, das Weihwasser
das **Weih|nach|ten** oder: die Weihnacht, der Weihnachtstag✿, der Weihnachtsbaum✿
weil
die **Wei|le**
der **Wein,** die Weine, die Weintraube, die Weinlese
wei|nen, er weinte
wei|se sein, die Weisheit
die **Wei|se,** Art und Weise, aber: die → Waise
wei|sen, sie wies den Weg
weiß✿, die Weißglut

> weiß
>
> **klein**:
> die weiße Fahne hissen
> die weißen Mäuse
> eine weiße Weste haben
>
> **groß**:
> Er macht aus Schwarz Weiß.
> ein Weißer (weißer Mensch)
> die Farbe Weiß

> **„Frohe Weihnachten!“**
>
> ***GB***: Merry Christmas! *(...krißmes)*; ***F***: Joyeux Noël! *(~~seh~~oajöh ...)*; ***I***: Buon Natale!; ***DK***: Glædelig jul! *(gläðelie jul)*; ***PL***: Wesołych Świąt! *(weßouich ~~seh~~wi~~an~~t)*; ***NL***: Prettige Kerstdagen! *(pretteche kerstdaachen)*; ***E***: ¡Feliz Navidad! *(felið navidad)*; ***CZ***: Veselé vánoce! *(väsälä vaanotze)*

das **Weiß|brot,** die Weißbrote
der **Weiß|kä|se**
weit, weiter, die Weite

Werner

> weit
> **klein:**
> bei weitem am größten
> ohne weiteres möglich
> bis auf weiteres
> Sie sah ihn von weitem.
> **groß:**
> Er sucht das Weite.
> Alles Weitere folgt später.

der **Wei|zen**
wel|che, welcher
wel|ken, es welkte, welk
die **Wel|le,** die Wellen
die **Welt,** der Weltraum
wem vertraust du?
wen siehst du?
wen|den, sie wendete sich (auch: sie wandte sich), die Wendung
we|nig, wenigstens

> wenig
> ein wenig
> einige wenige
> umso weniger
> das wenige, das ich habe
> Die wenigsten können es.
> Er weiß zu wenig.
> Nur weniges ist schön.

wenn du kommst
wer
Wera (→ Vera)
wer|ben, sie wirbt, er warb, hat geworben
die **Wer|bung**
wer|den, es wird, es wurde, ist geworden
wer|fen, sie wirft, er warf, hat geworfen
die **Werft,** die Werften
das **Werk,** die Werke, werken
die **Werk|statt,** die Werkstätten
das **Werk|zeug,** die Werkzeuge
Werner, Wernher *(deutscher Name: Mann aus dem Volk der Warnen + Heer)*
wert sein, viel wert
der **Wert,** die Werte, wertvoll
we|sent|lich
wes|halb
die **Wes|pe,** die Wespen
wes|sen
die **Wes|te,** die Westen
der **Wes|ten,** westlich
West|fa|len, die Westfalen, westfälisch
wes|we|gen
wet|ten, er wettete, die Wette, der Wettkampf
das **Wet|ter**✿, der Wetterbericht
wet|zen, sie wetzte

Wibke, Wiebke *(alter deutscher Name, in dem ein germanisches Wort für Kampf steckt: wig)*

Wilma

wich|tig
wi|ckeln, sie wickelte
wi|der (gegen), aber: → wieder
wi|der|lich, widerrufen, der Widersacher, widersprechen, der Widerspruch, der Widerstand, der Widerwille, widerwillig, die Widerworte
wid|men, sie widmete, die Widmung
wie✿
Wiebke (→ Wibke)
wie|der (noch einmal), aber: → wider
wie|der|ho|len, die Wiederholung
das **Wie|der|se|hen**
die **Wie|ge,** die Wiegen
wie|gen, sie wog
wie|hern, es wieherte
die **Wie|se,** die Wiesen
das **Wie|sel,** die Wiesel
wie|so
wie viel, wie viele
wild, die Wildnis
das **Wild**
Wilfried *(alter deutscher Name: Wille + Friede)*
Wilhelm, Willi, Willy, Wilhelmine, Wilhelma, Wim, William, Wilma *(alter deutscher Name: Wille + Helm)*

> **Wille**
> **klein:**
> um Himmels willen!
> Er ist willens zu kommen.
>
> **groß:**
> Ich tue es wider Willen.
> Sie ist guten Willens.
>
> **zusammen:**
> um meinetwillen!

der **Wil|le,** willig
will|kom|men
will|kür|lich
Wiltraud, Wiltrud, Wiltrude *(alter deutscher Name: Wille + Stärke)*
wim|meln, es wimmelte, das Gewimmel
wim|mern, er wimmerte
der **Wim|pel,** die Wimpel
die **Wim|per,** die Wimpern

> Bei germanischen Völkern war ein Name für die Fensteröffnung: Windauge. Bis heute heißt bei den Dänen das Fenster vindue *(windue)* und die Engländer sagen window *(windou)*.

Wolfgang

der **Wind,** die Winde, windig
die **Win|del,** die Windeln
win|den, er wand, gewunden, die Windung
Winfried *(alter deutscher Name: Freund + Friede)*
der **Win|kel,** die Winkel
win|ken, sie winkte, hat gewinkt
win|seln, er winselte
der **Win|ter**, die Winter
der **Win|zer,** die Winzer
win|zig
wip|pen, sie wippte, die Wippe
wir
der **Wir|bel,** die Wirbel, wirbeln
wir|ken, es wirkte, die Wirkung
wirk|lich, die Wirklichkeit
wirr, der Wirrwarr
der **Wirt,** die Wirte, die Wirtschaft
wi|schen, er wischte, der Wischer
wis|sen, sie weiß, er wusste, das Wissen, die Wissenschaft
die **Wit|te|rung**
die **Wit|we,** die Witwen
der **Witz,** die Witze, witzig
wo

die **Wo|che,** die Wochen
wo|für
die **Wo|ge,** die Wogen
wo|her, wohin
wohl, zum Wohl!
woh|nen, sie wohnte, die Wohnung
der **Wolf,** die Wölfe
Wolf *(alter deutscher Name)*
Wolfgang *(alter deutscher Name: Wolf + Streit)*
die **Wol|ke,** die Wolken
die **Wol|le**
wol|len, sie will, sie wollte
wo|ran, worauf, woraus
das **Wort,** die Wörter oder: die Worte, wortlos
wo|rum, worüber, wovon
das **Wrack,** die Wracks
die **Wucht,** wuchtig
wüh|len, sie wühlte
wund sein, die Wunde
das **Wun|der,** die Wunder, sich wundern, wunderbar
der **Wunsch,** die Wünsche
wün|schen, sie wünschte
der **Wurf,** die Würfe
der **Wür|fel,** die Würfel
wür|gen, sie würgte
der **Wurm,** die Würmer
die **Wurst,** die Würste
die **Wür|ze,** würzig
die **Wur|zel,** die Wurzeln
die **Wut,** wütend

A B C D E F G H I J K L M N O P Q R S T U V W X Y Z

Zäzilie

X

die **X-Bei|ne**
x-be|lie|big
Xenia *(Gastfreundin – griech. Ursprung)*
das **Xy|lo|phon,** die Xylophone

Y

die **Yacht**
Yannic, Yannick, Yannik, Yannis *(französ.:* → Johann*)*
das **Yp|si|lon**
Yvo, Yves, Yvonne *(Eibe – französischer Name, verwandt mit deutschem Ivo)*

Z

Zacharias *(Gott erinnert sich an mich – Name aus der Bibel)*
die **Za|cke** oder: der Zacken, die Zacken, gezackt
zäh, die Zähigkeit
die **Zahl**✿, die Zahlen
zah|len, sie zahlte, die Zahlung
zäh|len, er zählte, der Zähler
zahm, gezähmt
der **Zahn,** die Zähne, die Zahnpasta
die **Zan|ge,** die Zangen
zan|ken, er zankte, zänkisch, der Zank
der **Zap|fen,** die Zapfen, das Zäpfchen
zap|peln, sie zappelte
zart, zärtlich, die Zärtlichkeit
zau|bern, er zauberte, der Zauberer
der **Zaun,** die Zäune
Zäzilie (→ Cäcilie)
z. B. (zum Beispiel)
das **Ze|bra,** die Zebras, der Zebrastreifen
die **Ze|cke,** die Zecken
die **Ze|he** oder: der Zeh, die Zehen
zehn✿, ein Zehntel
(Hast du Probleme? → Kasten acht)
das **Zei|chen,** die Zeichen
zeich|nen, sie zeichnete, die Zeichnung
zei|gen, sie zeigte, der Zeiger
die **Zei|le,** die Zeilen

> Wer Neues kennen lernt, lernt den Namen gleich mit. Als die Europäer in Afrika Zebras kennen lernten, nannten sie das Tier so wie die schwarzen Eingeborenen: ***NL, DK, TR, GB, I, PL***: zebra; ***F***: zèbre; ***E***: cebra; ***SKr***: zèbra *(seebra)*; ***CZ***: žebra *(~~seh~~ebra)*

Zita

die **Zeit✿,** die Zeiten, eine Zeit lang
die **Zeit|schrift,** die Zeitschriften
die **Zei|tung,** die Zeitungen
die **Zel|le,** die Zellen
das **Zelt,** die Zelte
der **Ze|ment,** zementieren
die **Zen|sur,** die Zensuren, zensieren
der **Zent|ner,** die Zentner
das **Zen|trum,** die Zentren
zer|ren, sie zerrte, die Zerrung
zer|stö|ren, er zerstörte
der **Zet|tel,** die Zettel
das **Zeug**
der **Zeu|ge,** die Zeugen
das **Zeug|nis,** die Zeugnisse
im **Zick|zack** laufen
die **Zie|ge,** die Ziegen
der **Zie|gel,** die Ziegel
zie|hen, sie zog
das **Ziel,** die Ziele, zielen
ziem|lich
die **Zier,** zierlich
sich **zie|ren,** er zierte sich
die **Zif|fer,** die Ziffern

die **Zi|ga|ret|te,** die Zigaretten
die **Zi|gar|re,** die Zigarren
das **Zim|mer✿,** die Zimmer
der **Zim|mer|mann,** die Zimmerleute
zim|per|lich
der **Zimt**
das **Zinn**
der **Zins,** die Zinsen
der **Zip|fel,** die Zipfel
der **Zir|kel,** die Zirkel
der **Zir|kus,** die Zirkusse
zir|pen, es zirpte
zi|schen, es zischte
Ziska, Zissi, Zissy *(Kurzform von* → Franziska*)*
Zita *(Kurzform von* → Felizitas*)*
die **Zi|tro|ne,** die Zitronen
zit|tern, er zitterte
die **Zit|ze,** die Zitzen
zi|vil, der Zivilist
Zoe (zoë) *(Leben – Ursprung griechisch)*
zö|gern, sie zögerte
der **Zoll,** die Zölle, der Zöllner
Zoltan (soltan) *(ungarischer Name nach dem türkischen Titel Sultan)*

> *Zeit* heißt plattdeutsch Tiet. *Ebbe* und *Flut* heißen hochdeutsch Gezeiten, plattdeutsch Tied/Tiede und **Englisch** tide (taid). Zur *Zeit* sagen die Engländer time (taim), aber die Holländer wieder tijd (täit) und die Dänen tid.

Zoltan

die **Zo|ne,** die Zonen
der **Zoo,** die Zoos
der **Zopf,** die Zöpfe
der **Zorn,** zornig
zu
zu|al|ler|erst
die **Zucht,** züchten
zu|cken, es zuckte
der **Zu|cker,** zuckern
zu|ein|an|der
zu|erst
der **Zu|fall,** die Zufälle, zufällig
zu|frie|den, die Zufriedenheit
der **Zug***, die Züge
der **Zü|gel,** die Zügel
zü|gig
zu|gleich
zu Hau|se sein
der **Zu|hö|rer,** die Zuhörer
die **Zu|kunft**
zu|letzt
mir **zu|lie|be**
zum (zu dem Auto)
zu|min|dest
zu|mu|ten
zu|nächst
zün|den, er zündete
die **Zun|ge,** die Zungen
zup|fen, sie zupfte
zur (zu der Oma)
zu|rück
zu|sam|men
zu|sätz|lich, der Zusatz
der **Zu|stand**
zu|trau|lich
zu|ver|läs|sig
zu|ver|sicht|lich
zu viel, zu wenig
zu|wi|der
der **Zwang,** die Zwänge
zwan|zig
zwar
der **Zweck,** die Zwecke, zwecklos
zwei, zweihundert, zu zweit/zu zweien (Hast du Probleme? → Kasten acht)
der **Zwei|fel,** die Zweifel, zweifeln
der **Zweig,** die Zweige
der **Zwerg,** die Zwerge
die **Zwet|sche/Zwetsch|ge**
zwi|cken, es zwickte
der **Zwie|back,** die Zwiebäcke
die **Zwie|bel,** die Zwiebeln
der **Zwil|ling,** die Zwillinge
zwin|gen, sie zwang, hat gezwungen
der **Zwin|ger,** die Zwinger
zwin|kern, sie zwinkerte
der **Zwirn,** die Zwirne
zwi|schen, der Zwischenfall, der Zwischenraum
zwit|schern, es zwitscherte
zwölf
der **Zy|lin|der,** die Zylinder

Noch zwei Tipps

① Bei manchen Wörtern kannst du dir aussuchen, wie du sie schreiben willst: **Delfin / Delphin**.
Das trifft besonders auf Wörter mit ph und th zu.

	So	*oder*	*so kannst du schreiben:*
die	Biografie, die Biografien	die	Biographie, die Biographien
die	Fantasie, die Fantasien, fantasieren, fantastisch	die	Phantasie, die Phantasien, phantasieren, phantastisch
die	Fotografie, die Fotografien, das Foto, die Fotografin, die Fotokopie, fotografieren	die	Photographie, die Photographien, das Photo, die Photographin, die Photokopie, photographieren
die	Geographie, geographisch	die	Geografie, geografisch
die	Kusine, die Kusinen	die	Cousine, die Cousinen
das	Mikrofon, die Mikrofone	das	Mikrophon, die Mikrophone
der	Panther, die Panther	der	Panter, die Panter
der	Paragraph, die Paragraphen	der	Paragraf, die Paragrafen
die	Stenografie, stenografisch	die	Stenographie, stenographisch

② Wörter kann man trennen.
Wie du das machst, siehst du an den **fett** gedruckten Wörtern:
Schim|pan|se.

Es gibt jedoch oft mehrere Möglichkeiten, ein Wort zu trennen:
dar|an oder **da|ran**.

In diesem Wörterbuch ist immer nur eine Möglichkeit angegeben.
Am besten ist es, wenn du Wörter gar nicht trennst. Fang doch einfach eine neue Zeile an. Das ist garantiert nicht falsch.

EUROPA

Begegnung in Europa

face

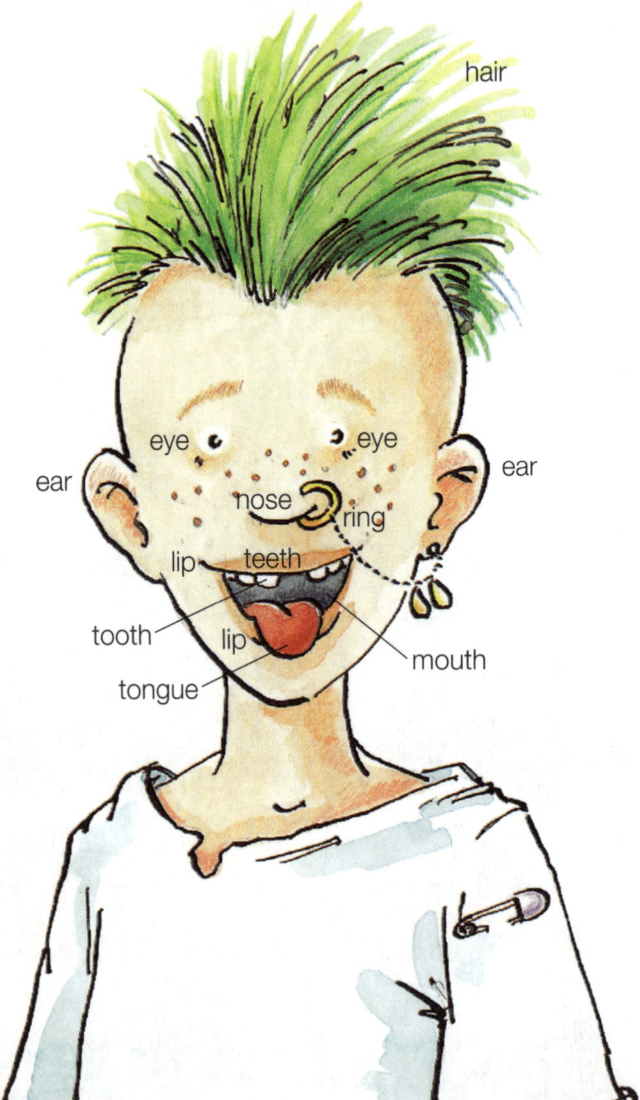
hair
eye
eye
ear
ear
nose
ring
lip
teeth
tooth
lip
mouth
tongue

body

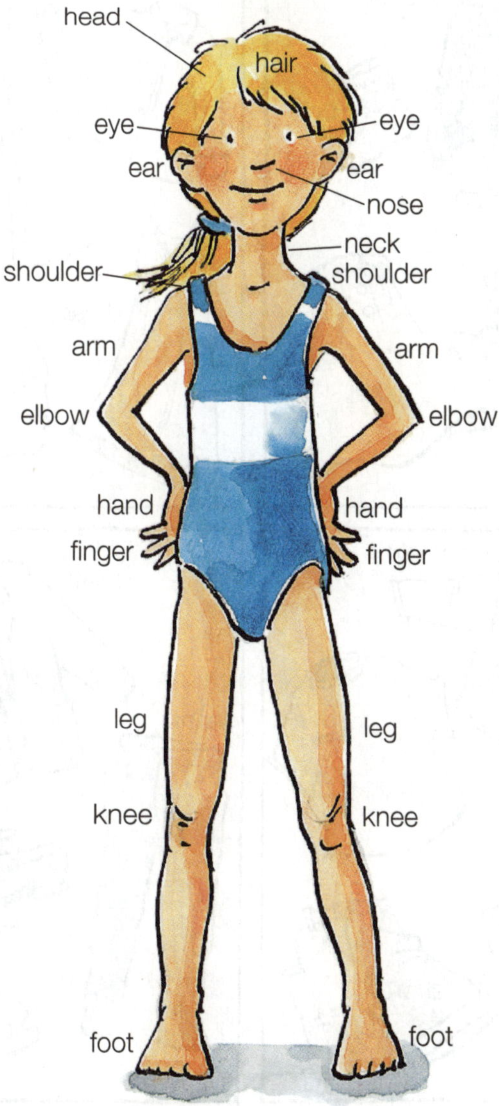
head
hair
eye
eye
ear
ear
nose
neck
shoulder
shoulder
arm
arm
elbow
elbow
hand
hand
finger
finger
leg
leg
knee
knee
foot
foot

clothes
anorak
sock
boots
skirt
shirt
coat
dress
blouse
sweatshirt
T-shirt
slipper
shorts
jacket
jeans
shoes
cap

clock
lamp
window
pillow
CD-player
radio
cat
books
bed
door
pencil
dog
paper
desk
guinea pig
chair
television
pyjamas
hanger
book

kitchen
lamp
cupboard
window
plates
cups
glasses
clock
tap
drops of water
kettle
toaster
forks
knives
cooker
fridge
door
washing machine
plate
cup
glass
table
fork
knife
spoon
potatoes

family

grandfather
(grandpa)
grandmother
(grandma)
grandmother
(grandma)
father
(dad, daddy)
mother
(mum, mummy)
son
daughter
brother
sister

numbers

one
two
three
four
five
six
seven
eight
nine
ten
eleven
twelve

days of the week

Monday

Tuesday

Wednesday

Thursday

Friday

Saturday

Sunday

food, fruits
jam
butter
soup
eggs
sugar
cheese
tomatoes
bananas
bread
apples
plums
oranges
potatoes

town
houses
cars
garage
windows
house
supermarket
motor bike
taxi
traffic lights
door
bicycle (bike)
car
bus
police officer

spring and summer

spring (March, April, May)

summer (June, July, August)

autumn and winter

autumn (September, October, November)

winter (December, January, February)

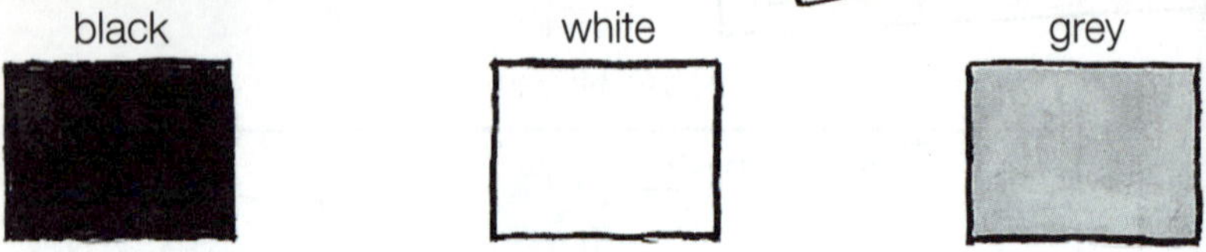
black
white
grey

big
little

sad
happy

thin

fat

old
new

Good morning.
Good afternoon.
Good evening.
Good night.
Please.
Thank you.
What's that?
What's the time?

Excuse me.
I'm sorry.
(Sorry.)
Hello everybody.
How are you?
Fine.
Let's go.
Goodbye.
(Bye-bye.)
Have a
nice day.

A

afternoon	Nachmittag
and	und
anorak	Anorak
apple	Apfel
April	April
April showers	Aprilschauer
arm	Arm
August	August
autumn	Herbst

B

banana	Banane
bed	Bett
bicycle (bike)	Fahrrad
big	groß
bird	Vogel
black	schwarz
blouse	Bluse
body	Körper
book	Buch
boots	Stiefel
bread	Brot
brother	Bruder
bus	Bus
butter	Butter
butterfly	Schmetterling

C

cap	Mütze
car	Auto
cat	Katze
CD-player	CD-Spieler
chair	Stuhl
cheese	Käse

Christmas	Weihnachten
clock	Uhr
clothes	Kleidung
cloud	Wolke
coat	Mantel
cooker	Herd
cup	Tasse
cupboard	Schrank

D

daughter	Tochter
day	Tag
December	Dezember
desk	Schreibtisch
dog	Hund
door	Tür
dress	Kleid
drop	Tropfen

E

ear	Ohr
Easter	Ostern
Easter egg	Osterei
egg	Ei
elbow	Ellbogen
evening	Abend
eye	Auge
Excuse me.	Entschuldige!

F

face	Gesicht
falling leaves	fallende Blätter
family	Familie
fat	fett, dick
father	Vater

February	Februar
fine	fein, gut
finger	Finger
flower	Blume
fog	Nebel
food	Speise, Lebensmittel
foot	Fuß
fork	Gabel
Friday	Freitag
fridge	Kühlschrank
fruits	Früchte

G

garage	Garage
glass	Glas
good	gut
goodbye (bye-bye)	auf Wiedersehen
grandfather	Großvater
grandmother	Großmutter
grey	grau
guinea pig	Meerschweinchen

H

hair	Haar
hand	Hand
hanger	Kleiderbügel
happy	glücklich
Have a nice day.	Einen schönen Tag!
head	Kopf
Hello everybody.	Hallo zusammen!
holidays	Ferien
house	Haus
how	wie
How are you?	Wie geht's dir?

I

ice	Eis
ice-cream	Eiskrem
I'm sorry. Sorry. (I am sorry.)	Tut mir Leid.
inline skating	Inline-Skaten

J

jacket	Jacke
jam	Marmelade
January	Januar
jeans	Jeans
June	Juni
July	Juli

K

kettle	Kessel
kitchen	Küche
knee	Knie
knife	Messer

L

lamb	Lamm
lamp	Lampe
leg	Bein
Let's go. (Let us go.)	Lass uns gehen.
lip	Lippe
little	klein

M

March	März
May	Mai
Monday	Montag
morning	Morgen

mother	Mutter
motor bike	Motorrad
mouth	Mund

N

neck	Hals, Nacken
nest	Nest
new	neu
night	Nacht
nose	Nase
November	November
number	Zahl

O

October	Oktober
old	alt
orange	Orange, Apfelsine

P

paper	Papier
pear	Birne
pencil	Bleistift
picnic	Picknick
pillow	Kissen
plate	Teller
please	bitte
plum	Pflaume
police officer	Polizist
potato	Kartoffel
primary school	Grundschule
pyjamas	Pyjama

R

radio	Radio
rain	Regen
ring	Ring
room	Zimmer

S

sad	traurig
Saturday	Samstag
September	September
shirt	Hemd
shoe	Schuh
shorts	Shorts
shoulder	Schulter
sister	Schwester
skirt	Rock
sledge	Schlitten
slipper	Hausschuh
snow	Schnee
snowball	Schneeball
snowflake	Schneeflocke
snowman	Schneemann
sock	Socke
son	Sohn
soup	Suppe
spoon	Löffel
spring	Frühling
storm	Sturm
sugar	Zucker
summer	Sommer
Sunday	Sonntag
sunshine	Sonnenschein
supermarket	Supermarkt
sweatshirt	Sweatshirt
swimming	Schwimmen
swimming pool	Swimmingpool

T

table	Tisch
tap	Wasserhahn
taxi	Taxi
teeth	Zähne
television	Fernseher
thank you	danke
thin	dünn
Thursday	Donnerstag
toaster	Toaster
tomato	Tomate
tongue	Zunge
tooth	Zahn
town	Stadt
traffic lights	Verkehrsampel
T-shirt	T-Shirt
Tuesday	Dienstag

W

washing machine	Waschmaschine
water	Wasser
Wednesday	Mittwoch
week	Woche
What's that? (What is that?)	Was ist das?
What's the time? (What is the time?)	Wie spät ist es?
white	weiß
window	Fenster
winter	Winter

Deutsch	Englisch	Französisch
A		
acht	eight	huit
Affe	ape	singe
alt	old	vieux
andere	other	autre
Apfel	apple	pomme
Apfelsine	orange	orange
April	April	avril
Arm	arm	bras
arm	poor	pauvre
auch	too, also	aussi
auf Wiedersehen	good-bye	au revoir
Auge	eye	œil
August	August	août
B		
Ball	ball	balle
Bauer	farmer	paysan
Baum	tree	arbre
Bein	leg	jambe
beste	best	meilleur
Bett	bed	lit
billig	cheap	bon marché
bitte	please	*bei Freunden und Vertrauten:* s'il te plaît *bei fremden Erwachsenen:* s'il vous plaît
blau	blue	bleu
Bleistift	pencil	crayon
Blume	flower	fleur
braun	brown	brun
Bremse	brake	frein
Brille	glasses	lunettes
Bruder	brother	frère
Buch	book	livre
Bus	bus	bus

Deutsch	Englisch	Französisch
D		
danke	thank you	merci
dein(e)	your	ton *oder* ta
Deutschland	Germany	Allemagne
Dezember	December	décembre
Dienstag	Tuesday	mardi
Donnerstag	Thursday	jeudi
drei	three	trois
du	you	tu *oder* toi
E		
eins	one	un
Engel	angel	ange
Ente	duck	canard
er	he	il *oder* lui
es	it	il *oder* elle
F		
Fahrrad	bicycle, bike	bicyclette
falsch	wrong	faux
Februar	February	février
Flasche	bottle	bouteille
Frau X (als Anrede)	Mrs. *oder* Miss X	madame *oder* mademoiselle X
Freitag	Friday	vendredi
froh	glad	gai
Frühling	spring	printemps
Frühstück	breakfast	petit déjeuner
fünf	five	cinq
Fuß	foot	pied
Fußball	football	ballon
G		
Geburtstag	birthday	anniversaire
gehen	walk	aller
gelb	yellow	jaune
geradeaus	straight ahead	tout droit
Geschenk	present	cadeau
Gesicht	face	visage

Deutsch		Englisch	Französisch
Glocke	G	bell	cloche
glücklich		happy	heureux
grau		grey	gris
Großmutter		grandma	grand-mère
Großvater		grandpa	grand-père
gut		good	bon
Haar	H	hair	cheveu
haben		have	avoir
Hand		hand	main
Herbst		autumn	automne
Herr X		Mr. X	monsieur X
heute		today	aujourd'hui
hübsch		nice	joli
Hund		dog	chien
Husten		cough	toux
ich	I	I	moi
Igel		hedgehog	hérisson
ihr (geht …)		you	vous
ihr (Haus) – *Einzahl*		her	son *oder* sa
ihr (Haus) – *Mehrzahl*		their	votre
ist		is	est
ja	J	yes	oui
Januar		January	janvier
jetzt		now	maintenant
Juli		July	juillet
Juni		June	juin
Kaffee	K	coffee	café
Kakao		cocoa	cacao
kalt		cold	froid
Karte		card	carte
Kassette		cassette	cassette
Katze		cat	chat
klein		little, small	petit
Kopf		head	tête

Deutsch	Englisch	Französisch
K		
Kopfschmerzen	headache	mal de tête
Körper	body	corps
krank	ill	malade
Küche	kitchen	cuisine
Kuchen	cake	gâteau
Kuh	cow	vache
L		
lang	long	long
langsam	slow	lent
Licht	light	lumière
lieb	dear, sweet	cher, aimable
Liebe	love	amour
Liebling	darling	chéri
links	left	gauche
M		
machen	make	faire
Mai	May	mai
März	March	mars
Maus	mouse	souris
mein	my	mon *oder* ma
Milch	milk	lait
mir	me	moi
Mittwoch	Wednesday	mercredi
Mond	moon	lune
Montag	Monday	lundi
Morgen	morning	matin
Mutter	mother	mère
N		
Nacht	night	nuit
Name	name	nom
nein	no	non
neu	new	nouveau
Neujahr	New Year	nouvel an
neun	nine	neuf
nicht	not	ne pas
November	November	novembre

Deutsch	Englisch	Französisch
O		
Ohr	ear	oreille
Oktober	October	octobre
Onkel	uncle	oncle
Opa/Oma *siehe* Großvater/Großmutter		
P		
Papa	dad	papa
Post	post	poste
Preis	price	prix
Puppe	doll	poupée
R		
rechts, richtig	right	juste
rot	red	rouge
Rücken	back	dos
S		
Samstag	Saturday	samedi
sauber	clean	propre
Scherz, Spaß	joke	plaisanterie
Schmetterling	butterfly	papillon
schmutzig	dirty	sale
schnell	fast	vite
Schokolade	chocolate	chocolat
Schule	school	école
schwarz	black	noire
Schwein	pig	cochon
Schwester	sister	sœur
sechs	six	six
sehr	very	très
Seife	soap	savon
sein (sein Haus …)	his	son *oder* sa
September	September	septembre
sie (eine)	she	elle
sie (mehrere)	they	ils *oder* elles
sieben	seven	sept
Socken	socks	chaussettes
Sonne	sun	soleil
Sonntag	Sunday	dimanche
Spaß *siehe* Scherz		

Deutsch	Englisch	Französisch
S		
Spiel	game	jeu
Stern	star	étoile
Stiefel	boot	botte
Straße	street	rue
Stuhl	chair	chaise
süß	sweet	doux
T		
Tag	day	jour
Tante	aunt	tante
Tee	tea	thé
Tisch	table	table
traurig	sad	triste
U		
Uhr	clock, watch	montre
Unfall	accident	accident
V		
Vater	father	père
vier	four	quatre
Vogel	bird	oiseau
von	from	de
W		
Wagen	car	voiture
was	what	qu'est-ce que
Wasser	water	eau
Weihnachtsbaum	Christmas tree	arbre de Noël
Weihnachtstag	Christmas Day	jour de Noël
weiß	white	blanc
Wetter	weather	temps
wie	how	comment
Winter	winter	hiver
Z		
Zahl	number	nombre
zehn	ten	dix
Zeit	time	temps
Zimmer	room	chambre
Zug	train	train

D	Hallo!	Tschüss!	Kommst du mit uns?
NL	Hallo!	Tot ziens!	Kom je met ons mee? *(komm je mät ons mej)*
DK	Dav! oder: Hej! *(dau)* *(hei)*	Farvel! *(farwell)*	Kommer du med os? *(kommer du með os)*
GB	Hello! *(hellou)* Hi! *(hai)*	Bye! *(bai)*	Are you coming with us? *(aar juh kamming wið as)*
F	Salut! *(ßalüh)*	Au revoir! *(oh rewoáhr)*	Tu viens? *(tü wi~~en~~)*
I	Ciao! *(tschao)*	Arrivederci! *(arrivedértschi)*	Vieni con noi? *(wiäni kon noi)*
E	¡Hola! *(olla)*	¡Hasta luego! *(asta luego)*	¿Vienes con nosotros? *(viänes kon nosotros)*
TR	Merhaba! *(merhaba)*	Hoşçakal! *(hoschtschakal)*	Benimle gelir misin? *(benimle gelir mißin)*
GR	Γεια σου! (an ein Kind: *jássu)*	Γεια σου! *(jássu)*	Θα ‘ρθείς μαζί μας? *(ðarðís masí mas)*
POL	Cześć! *(tscheschtsch)*	Cześć! *(tscheschtsch)*	Idziesz z nami? *(id~~sch~~iesch ßnami)*
SKr	Zdravo! *(ßdrawo)*	Zdravo! *(ßdrawo)*	Ideš sa nama? *(idesch ßa nama)*
CZ	Ahoj!	Čau! *(tschau)*	Jdeš s námi? *(jdesch ßnaami)*

Die Ausspracheregeln findest du auf Seite 61.

Bis heute Nachmittag!	Weiß ich nicht.	Super!
Tot vanmiddag! *(tot fanmiddach)*	Weet ik niet.	Prima!
Vi ses i eftermiddag! *(wi sees i eftermidde)*	Ved jeg ikke. *(weð jäi ikke)*	Meget godt! *(mej gott)*
See you this afternoon! *(ßie juh ðis aafternuhn)*	I don't know. *(ai dount nou)*	Brilliant! *(brilljent)*
A cet aprés-midi! *(a ßettaprämiddí)*	Je ne sais pas. *(~~seh~~e ne ßä pa)*	Super! *(ßüpähr)*
Ci vediamo nel pomeriggio! *(tschi … pomeríd~~seh~~o)*	Non lo so. *(non lo ßo)*	Benissimo! *(beníßimo)*
¡Hasta la tarde! *(asta la tarde)*	No lo se. *(no lo ße)*	¡Fenomenal! *(fenomenál)*
Öğleden sonraya kadar! *(öhleden ßonraja kadar)*	Bilmiyorum. *(bilmijorum)*	Süper! *(ßüper)*
Ως το απόγευμα! *(os to apójewma)*	Δεν ξέρω. *(ðen ksäro)*	Πολύ καλά! *(polí kalá)*
Do zobaczenia! *(do sobatschenia)*	Nie wiem. *(niä wiäm)*	Świetnie! *(schwiätniä)*
Onda, do posljepodne!	Ne znam. *(nee snam)*	Odlično! *(odlitschno)*
Tak odpoledne! *(tak odpolednä)*	Nevím. *(newim)*	Supr!

geschrieben	gesprochen	Bedeutung
Türkische Mädchen und Frauen		
Arzu	*Arsu*	Wunsch
Gül	*Gül*	Rose
Hilal	*Hilal*	Mondsichel
Müge	*Müge*	Maiglöckchen
Müjde	*Mü~~sch~~de*	gute Nachricht
Neşe	*Nesche*	Freude
Seher	*ßeher*	Morgenröte
Yasemin	*Jaßemin*	Jasmin
Griechische Mädchen und Frauen		
	Agní	die Geheiligte
	Andrómaichi	die wie ein Mann kämpft
	Aphrodíte	So heißt die Liebesgöttin.
	Athína	So heißt die Göttin der Weisheit.
	Dafní	Lorbeer
	Iríni	Frieden
	Soí	das Leben
	Vasíliki	die Königliche
Türkische Jungen und Männer		
Kaya	*Kaja*	Stein
Kemal	*Kemal*	reif
Murat	*Murat*	Wunsch
Şeref	*Scheref*	Ehre
Tayfun	*Tajfun*	Taifun
Volkan	*Wolkan*	Vulkan
Yaşar	*Jaschar*	Er soll leben!
Zafer	*Safer*	Sieg
Griechische Jungen und Männer		
	Atanássios	Unsterblicher
	Chrysóstomos	Goldmund
	Jórgos	Bauer
	Panajótis	der ganz Heilige
	Pétros	Felsen
	Sósoros	Gottesgeschenk
	Sotíris	Retter
	Stávros	Kreuz

Namen von Kindern, die im LolliPop Wörterbuch bisher nicht vorkamen

Diese Kinder haben uns geschrieben:

Amelie
Anastassja
Azad
Deniz
Eugenia
Gizem
Ismet
Mohammed
Ravenna
Samira
Sezer
Sibel
Torben
Trang
Virginia

Namen von Kindern, die im LolliPop Wörterbuch bisher nicht vorkamen